발효가 잘된 술과 같은, 그윽한 방향(芳香)이 흐르는 수필

자연이 들려주는 오케스트라

문희봉 제6수필집

오늘의문학사

국립중앙도서관 출판시도서목록(CIP)

자연이 들려주는 오케스트라 : 문희봉 제6수필집 / 지은이: 문희봉. -- 대전 : 오늘의문학사, 2015
p. ; cm

ISBN 978-89-5669-677-5 03810 : ₩10000

한국 현대 수필[韓國現代隨筆]

814.7-KDC6
895.745-DDC23 CIP2015010697

자연이 들려주는 오케스트라

■ 수필가의 말

쓰고 싶어 쓰고 있다.

글 쓰는 일이 누가 시킨다고 할 수 있는 일인가?

어렵고 고통스러운 일이지만 즐거운 마음으로 쓰고 있다.

초고를 잡아 놓았다가 고쳐 쓰고 고쳐 쓰고, 한 편의 수필이 완성되어 탄생될 때의 희열은 그 무엇으로도 대신할 수 없다.

일상적인 삶을 영위하면서도 또 하나의 나만의 세계를 추구하고 있다는 데에서 자부심을 느낀다.

과장되지 않은 이야기 속에 번득이는 기지가 있고, 그윽한 방향이 흐르는 수필을 써보고자 노력했으나 역량 부족으로 그에는 미치지 못하고 있다.

그러나 한결 농익은 문학적 향기가 스며 나오는 그런 글을 써보고 싶은 욕망은 내가 생을 마칠 때까지 지속될 것이라는 사실만은 분명하다.

2015년 청양의 해를 맞이하여 여섯 번째 수필집을 상재하는 마음은 무엇에도 비할 수가 없다.

독자님들의 많은 채찍을 바란다.

2015년 4월 센트럴파크에서

제1부 나비천사가 소녀에게 알려준 행복의 비결

제2부 작게 생각하라

제3부 못난이 셋

제4부 내 안의 노고지리

제5부 내 삶은 내가 만들어가는 것이다

제1부

나비천사가 소녀에게 알려준 행복의 비결

나비천사가 소녀에게 알려준 행복의 비결

한 소녀가 산길을 걷다가 나비 한 마리가 거미줄에 걸려 버둥대는 것을 발견하고는 가시덤불을 헤치고 들어가 거미줄에 걸려있던 나비를 구해 주었습니다.

나비는 춤을 추듯 훨훨 날아갔지만 소녀의 팔과 다리는 가시에 찔려 붉은 피가 흘러 내렸습니다. 그 때 멀리 날아간 줄 알았던 나비가 순식간에 천사로 변하더니 소녀에게 다가왔습니다. 천사는 자기를 구해준 은혜에 감사하면서 무슨 소원이든 한 가지를 들어 주겠다고 했습니다.

"이 세상에서 가장 행복한 사람이 되게 해 주세요." 소녀는 이렇게 말했습니다.

그 때 천사는 소녀의 귀에 무슨 말인가를 소곤거리고는 사라졌습니다. 소녀는 자라서 어른이 되고, 결혼을 해서 엄마가 되고, 할머니가 되도록 늘 행복하게 살았습니다. 그의 곁에는 언제나 좋은 사람들이 있었고, 행복하게 살아가는 그녀를 사람들은 부러운 눈빛으로 우러러 보았습니다.

세월이 흘러 예쁜 소녀가 백발의 할머니가 되어 임종을 눈앞에 두게 되었습니다. 사람들은 입을 모아 할머니가 죽기 전에 평생 행복하게 살 수 있었던 비결이 무엇인지가 궁금했습니다. 그래서 물었습니다. 할머니는 웃으며 입을 열었습니다.

"내가 소녀였을 때 나비천사를 구해 준 적이 있었지, 그 대가(代價)로 천사는 나를 평생 행복한 사람이 되게 해 주었어. 그때 천사가 내게 다가오더니 내 귀에 이렇게 속삭이는 거야. '무슨 일을 당하든지 감사하다고 말하면 평생 행복하게 될 거에요.' 라고. 그 때부터 무슨 일이든지 감사하다고 중얼거렸더니 정말 평생 행복했던 거야. 사실 천사가 내 소원을 들어준 게 아니야, 누구든지 만족할 줄 알고 매사에 감사하면, 세상은 우리에게 행복을 주지."

이 말을 끝으로 눈을 감은 할머니의 얼굴에는 말할 수 없는 평온함이 가득했습니다.

내 삶도 그러해야 한다고 생각하며 살아오고 있습니다. 초등학교 시절 조별 달리기를 하면 다음 조의 선두와 경쟁을 벌였지만 그래도 나는 뛸 수 있음에 감사했습니다.

수수빗자루 끝에 묻어오는 송홧가루 노오란 빛깔 속에서 고향의

뻐꾸기 울음소리를 들으며 나는 감사했습니다. 산에 오르다가 하얀 앵두꽃이 싸락눈처럼 떨어져 쌓이는 것을 보며 석류나무에 매달렸던 홍보석 같은 초롱꽃을 보며 나는 내가 살아 있음에 감사하며 기뻐했습니다.

바심을 끝내고 노적가리가 안마당에 높이 올라갈 때쯤 환한 모습의 아버지 얼굴이 그렇게 행복해 보일 수가 없었습니다. 내 앞에 태어난 생명들에게 축복을 내려주고, 아름다운 인연을 부여하니 얼마나 좋아하시는지 그 땐 그것이 행복인 줄 몰랐습니다.

나이 들어 밤중에 한두 번을 깨어 화장실에 갑니다. 이 때도 나는 투덜거리지 않습니다. 아! 지금도 내가 살아있구나. 이렇게 생각합니다. 이게 행복입니다.

서쪽으로 넘어가던 태양이 어느새 훌쩍 자란 소나무 가지에 걸려 나를 보고 오늘 하루도 감사했다 인사하고 있다는 것을 알고부터는 또 얼마나 행복했는지 모릅니다.

아이들 성적 오르는 건 아내 덕, 내려가는 건 내 탓이라 우기면 나는 그걸 수용하면서도 좋았습니다. 잠 못 이뤄 뒤척인 지난밤의 시름을 훌훌 털어 내리며 이 아침에도 나는 행복의 비질을 계속하고 있습니다.

멋지게 보내는 일주일

일주일은 7일이다. 하루가 24시간이니 7일이면 148시간이다. 내가 받은 최고의 선물인 고귀한 시간이다. 나이 들면서 생각해 보니 나에게 있어 가장 넉넉해지는 재산은 시간밖에 없는 것 같다. 그런데 내가 쓸 수 있는 인생의 시간은 지금 이 순간에도 점점 줄어들고 있다. 그러니 멋지게 보내야 한다. 어떻게 보내는 것이 멋진 시간 보냄인가? 죽을 때까지 재산 목록 제1호로 남아 있을 내 육신에게 보람을 느끼게 하기 위해서는 어떻게 살아야 하는가?

일주일의 첫날인 월요일은 달처럼 살련다. 달은 어두운 밤을 환하게 비춰주는 물체다. 전기가 없던 시절 마실 갔다 돌아오는 길 밝은 달이 내 정수리 위에서 내 앞길을 안내해 줄 때 나는 고마움을 몰랐다. 정말 대낮같이 밝았다. 집 가까이까지 가면 벌써 내 발소리를 알

아듣고 누렁이가 마중 나와 나를 맞아 주었다. 달도 누렁이도 나에게 있어서는 천사 같은 존재였다. 달과 같은 사람, 많이 베풀 줄 아는 사람이 되고자 하는 것이다. 큰 베풂만이 베풂이냐. 작은 베풂도 얼마든지 있다. 찾아서 하면 된다. 그래서 나는 매일 한 가지 이상 베푸는 일을 하면서 살고자 하는 것이다.

화요일은 불과 같은 화끈함으로 살련다. 아무리 맛있는 재료라도 불이 없으면 요리를 할 수 없다. 지지고 볶고 끓이고 데치고… 열정을 가지고 헌신하는 하루를 만들면서 살겠다. 고난의 늪에 빠져 있는 사람에게 모닥불처럼 다가설 수 있는 마음으로 살고 싶다. 그렇더라도 마음에 쓸데없는 불은 한 번 일으키게 되면 그 동안 닦은 공덕이 모두 타버리게 되니 주의하면서.

수요일은 물처럼 살아가는 날이다. 물은 제 갈 길을 찾아서 쉬지 않고 흘러간다. 하지만 언제나 낮은 곳을 택해 가지 높은 곳은 올려다보지 않는다. 나는 항상 물처럼 고개 숙이고, 남의 말을 존중하면서 어질고 순한 마음으로 살아가겠다. 물이 천천히 색소폰 소리를 타고 흐른다. 겸손은 이웃으로 하여금 나를 다시금 돌아볼 수 있는 기회를 만들어 주는 영물인데 그걸 소홀히 다루어서야 되겠는가. 낮추는 삶이 좋기 때문이다.

목요일은 나무의 덕을 배우면서 사는 날이다. 한 그루 나무가 커서 그늘을 만들고 기둥이 되듯, 그 집안의 기둥이 되고, 그 나라의 기둥이 되고, 대들보가 되는 사람으로 재탄생하기 위해 노력하는 날이다.

맑은 바람과 아름다운 청풍명월의 고장에서 우람한 자태를 자랑하며 자라는 나무에게서 기를 받다 보면 건강도 좋아진다. 네 계절 변함없이 베풀기만 하는 나무의 큰 덕을 본받다 보면 어느새 나도 성인군자로 변해가는 과정을 실감할 수 있으리라. 말간 하늘 아래 연분홍 꽃잎이 너울너울 춤을 춘다.

금요일은 천금같이 좋은 말만을 골라 하는 날이다. 가치 있고 품위 있는 말로 상대를 편안하게 해주는 삶을 이루어내는 날이다. 많고 많은 말 중에 왜 하필이면 남에게 상처주고 섭섭하게 하는 말을 골라 쓸까. 그건 내 진심이 아니니다. 총에 의한 상처는 세월이 흐르면 지워지지만 말에 의한 상처는 세월이 흘러도 지워지지 않는다 하지 않는가.

토요일은 흙과 같은 마음으로 살련다. 흙은 아무리 더러운 똥 오줌이라도 덮어주고 용서해 주는 덕을 지녔다. 만물 생성의 근원이다. 흙은 곡식을 키우고, 오물을 덮어주고 둑을 쌓는다. 그런 흙의 덕성을 생각하며 사는 삶은 오래도록 향기를 풍기는 사람으로 남게 해주리라 믿는다. 시골사람들은 집을 비운 채 들녘에서 흙과 사랑을 나눈다. 이런 생활을 하다 보면 자신의 몸에서 된장찌개 냄새가 나고, 우렁 된장찌개 냄새도 나겠다.

일요일은 태양의 속마음처럼 따스한 마음으로 사는 날이다. 태양은 만물을 성숙시켜 주는 일을 한다. 여름에 태양이 없으면 곡식이 익지 않는다. 냉혈동물이 되어서는 안 된다. 따뜻한 기운과 밝은 태양의 모습처럼 내가 따뜻한 마음가짐과 밝은 표정으로 살아가는 날이다.

이렇게 살다 보면 일주일이 어느새 마감된다. 시작도 중요하지만 매듭도 좋은 마침은 더더욱 중요한 것이다. 이런 마음으로 살다 보면 이 세상은 지상낙원이 될 터이다. 남을 못 살게 굴고, 남에게 피해를 주는 그런 삶이 아니니 만나는 사람마다 얼굴엔 웃음꽃이 피고, 사회도 리드미컬하게 잘 돌아가겠다.

무거운 돌은 내 마음속에 넣지도 말고, 다른 사람에게도 주지도 말 일이다. 이렇게 일주일을 보내면 꽃이 져야 맺히는 열매처럼 내 인격도 성숙해지겠다. 남은 인생이 성숙해지겠다.

자연은 말합니다

논산시 연무읍 소룡리 비나봉에 올랐다가 내려오는 길에 '(주)좋은 마음'이란 곳에서 잠시 쉬었습니다. 그곳에 게시되어 있던 아름다운 글들이 내 마음을 사로잡았습니다.

이런 마음으로만 살 수 있다면 세상 살아가는 의미가 유다르리라 생각되었습니다. 그 글들을 하나하나 새겨보는 일도 의미 있는 일일 것 같다는 생각이 듭니다.

먼저 눈에 띈 글은 '토라짐'이었습니다. 마음이 토라집니다. 누가 내 마음을 토라지게 했습니까? 누군, 누군가요. 자기 자신이지요. 내가 주지 않으면 훔쳐갈 수도 없는 내 마음인데, 왜 내 마음이 흔들리나요. 지금 이 순간 천국에 살고 있건만 다른 천국을 꿈꾸고 있어 그런 건 아닌지 생각해 볼 일입니다.

자연은 말합니다. 세찬 비바람도 감사라고요. 세찬 비바람이 없다면 작은 태풍에도 넘어지고 말 것입니다. 토라진 마음에서 따뜻함이 옵니다. 그러나 그런 마음이 오래 지속되어서는 안 되겠지요.

두 번째는 '베풂'입니다. 어느 날 지하철역 계단을 오르다가 구걸하는 맹인을 보았습니다. 동전을 찾으니 없어서 지나치고 나니 후회되네요. 지폐 한 장 주고 올 걸… 안 주고 온 얇은 지폐는 술 사고, 노래방 가고, 내 몸을 피곤하게 만드는데 쓰일지도 모릅니다.

자연은 말합니다. 베풂을 미루지 마세요. 지금이 아니면 이 다음에는 기회가 다시 오지 않습니다. 오늘 이 생을 마감한다면 내일 언제 베풀 수 있을까요. 지금 이 순간이 가장 좋은 때입니다.

세 번째는 '사랑'입니다. '이런 조건, 저런 조건, 내 마음에 드는 사람을 골라 사랑해야지,' 하면 사랑이 오지 않습니다. 사랑은 궁금증과 관심에서 시작합니다. 사랑도 능력입니다. 타고나는 것이 아니라 이 세상을 살아가면서 터득하고 학습하고 실천하면서 길러집니다. 왜냐하면 사랑은 내가 하는 것이 아니고, 사랑이 사랑을 하는 것이기 때문입니다.

자연은 말합니다. 내가 공기를 주면서 줄까, 말까 하던가요. 베푸는 일에 욕심을 내세요. 받을 생각 없이 주는 마음이 사랑입니다. 사랑은 '무조건'으로 하는 것입니다.

네 번째는 '인연'입니다. 복 중에는 인연복이 제일이라 했는데, 어떤 인연이 내게 좋은 인연인지 알 수가 없네요. 우선은 적을 만들지 말 일입니다. 악연이 됩니다. 후회하게 됩니다. 인생 성공을 위해서는 좋은 인간관계를 맺는 일이 제일입니다.

자연은 말합니다. 모두가 좋은 인연이라네요. 좋은 인연도 나쁜 인연도 본인이 만들고 있는 것이라고요. 어떤 인연으로 삶을 채우시겠어요. 지는 것이 이기는 것이라고 알려주네요.

다섯 번째는 '가족'입니다. 오순도순 행복하네요. 오늘 하루 행복함이, 내일의 행복인 것을 아는 것이 지혜랍니다. 웃음 속에 복이 오고, 배려 속에서 사랑이 크네요. 가족이 사회를 만들고, 사회가 국가를 만듭니다. 진정한 가족을 이어주는 끈은 혈통이 아니라 서로의 삶에 대한 존중과 만족입니다.

자연이 말합니다. 가족을 이루어 살아가니 얼마나 좋으세요. 있을 때 잘 하세요. 후회하지 말고요. 끈끈한 정보다 더 나은 것은 없어요. 그것이 발전하면 이웃 간의 도타운 정으로 승화됩니다.

여섯 번째는 '고마움'입니다. 지나온 세월, 새겨진 추억을 더듬으니 가슴에 잔잔한 출렁임이 오네요. 좋았던 세월이 참 많았네요. 내 몸과 마음을 이만큼 성장하게 만들어 준 좋은 사람들이 참 많았네요. 잊지 않고 살고 있지요.

자연은 말합니다. 고마운 사람들에게 고마움을 전해주세요. 말하지 않으면 알 수가 없다네요. 가슴에 품고 있는 것으로는 고마움의 표시가 안 돼요. 고마움을 전하기에는 오늘이 참 좋은 날이네요. 미루지 마세요.

일곱 번째는 '내 어머니'입니다. 캄캄한 새벽 해가 뜨기 전, 아궁이에 불을 지피고 다른 가족들 잠에서 깨울세라, 숨 죽여 아침밥을 준비하면서, 맛있는 찬은 자식에게 주고, 맛없는 찬도 당신은 맛있다고 하시며 드시던 모습, 하나라도 자식에게 더 해주지 못함을 늘 미안해하시고, 희생과 헌신으로 평생을 보낸 어머니, 당신은 세상의 어느 것보다도 넓은 마음과 성인보다도 더 큰 덕을 지니신 분입니다. 아버지도 역시 그렇고요.

자연은 말합니다. 죽어 석 잔 술이 살아 한 잔 술만 못합니다. 살아계실 때 잘 하세요. 잘 해드렸건 못 해드렸건 후회로 남는 건 마찬가지입니다.

여덟 번째는 '돌아봄'입니다. 뭔가 바쁜 걸음으로 허둥지둥 이리저리 뛰어온 것 같은데, 한 걸음도 나아간 게 없지 않은가요. 그렇다면 지금부터는 잡으려고 하지 말고, 허둥대지도 말고, 뛰지도 말고, 비우기를 시작해야 하지 않을까요. 비워야 채워집니다. 텅 빈 마음이란 나의 편견과 고집을 잠시 접어두는 마음입니다.

자연은 말합니다. 지금 시작하세요. 늦지 않았답니다. 하루에 한 번쯤은 허공을 바라보며, 하루에 한 번쯤 누군가에게 그저 고맙게 살고 있다고 감사를 전해야 하지 않을까요.

아홉 번째는 '만남'입니다. 가슴 뛰는 소리를 들킬까 걱정됩니다. 내 얼굴이 벌개지진 않았나요. 도대체 내 가슴이 왜 뛰는 거지요. '뛰는 가슴아 멈추어 다오.'라고 외쳐봅니다. 기뻐서 하늘을 날 것 같네요.

자연은 말합니다. 우리도 꽃을 피울 때, 얼굴이 붉어지고 가슴이 뛰어요. 그런 사람 만드는데 신경 쓰세요. 저절로 이루어지는 건 하나도 없어요.

열 번째는 '지혜'입니다. 화가 나는 말을 들었을 때, 바로 반응을 보이지 마세요. 지혜로운 사람은 일단 잠을 자고, 그 다음 날 답신을 보낸답니다. 아무리 좋은 말이라도 강요와 지시, 잔소리처럼 일방적으로 쏟아내는 것은 대화가 아닙니다. 하늘은 참는 사람에게 은총을 내려주지요.

자연은 말합니다. 옳고 그름을 시비하다가 먼저 화를 내면, 그 사람이 진 거예요. 세상 너무 어렵게 살지 마세요. 세상 사람들은 나의 삶에 별로 관심이 없답니다. 남을 의식하는 삶이 어렵지 않으세요. 다 내려놓고 편안하게 살아보세요. 그렇게 사는 것이 보장된 건강한 삶의 시작입니다.

내 행복을 다른 사람과 비교하여 측정하려 하는 것은 우매한 일입니다. 그렇게 하다보면 절대로 행복해질 수 없습니다.

세상은 아래를 바라보면 나보다 못난 사람들로 꽉 찼고, 위를 바라보면 나보다 잘난 사람들로 꽉 차 있음을 발견합니다.

향기를 가진 산이 불러서

내가 아는 사람 중의 대부분은 늘 따스한 마음이 가슴에서부터 배어나온다. 자신만이 갖고 있는 향기를 내뿜어 준다. 아마도 그 향기는 그 사람이 살아온 삶에서 나오는 것일 게다. 그래서 사람들은 그를 좋아한다.

나에게는 어떤 향이 나는가? 자신이 자신의 향기를 맡을 수 있는 삶이라면 성공한 삶이겠다. 그윽한 향을 발산하는 장미는 어떤 삶을 살았기에 자기만의 고유한 향을 발산하는 것일까?

어떤 사람들은 자신의 몸에서 나는 냄새를 감추려고, 또는 자신의 몸을 향기롭게 하려고 향수를 뿌린다. 그런 향은 자연의 향이 아니기에 금방 싫증을 느낀다.

인간은 절망과 고통의 밤에 비로소 삶의 의미와 가치를 발견한다.

베개에 눈물을 흘려 본 사람만이 아름다운 삶을 만들어낸다.

자신의 영혼의 향기가 고난 중에 발산된다는 사실을 알고 있는 사람은 드물다. 희열과 환희 속에서 발산하는 향보다 어려움 속에서 건져 올리는 향이 더욱 진한 빛을 발한다.

나는 자주 산을 찾는다. 그 때마다 산은 나에게 온갖 것을 다 내준다. 한 번도 보상을 바라지 않고 내준다. 천사가 갖고 있는 아름다운 향을 모두 갖고 있는 산이다. 나는 계절을 후각으로 음미한다. 엊그제도 흩어져 내린 낙엽을 밟으며 묘하게 젖어드는 가을 냄새를 맡으며 걸었다. 비가 그치고 며칠 지난 뒤라서 밟는 대로 바삭바삭 소리를 냈다. 치마폭 산 그림자 따라 바람이 불면 낙엽들이 이리 쏠리고 저리 쏠렸다. 굴러가는 모습도 예뻤다. 가을 산이 각혈을 한다. 토해 놓은 슬픔이 가을 산에 불을 지른다. 굴러가면서 내는 소리는 보통의 하모니가 아니었다. 저 낙엽들의 종착역은 어디일까를 생각해보니 재미있었다.

다시 비가 내리고 나면 기온이 급강하하겠다. 그러면 겨울의 알싸한 향을 맡을 것이고, 추운 겨울을 지내고 나면 풋풋한 봄 냄새를 맡을 수 있겠다. 봄마다 되살아나는 가슴 속 푸른 자유도 만끽할 수 있겠다. 잊고 사는 줄 알았던 향기가 이른 봄꽃보다 먼저 작아진 어깨 다독여 겨울을 밀어낼 것이다. 그러다 보면 흐르는 땀과 함께 후끈한 여름 냄새를 맡게 될 것이다. 보문이 떠나가도록 울다 지친 뻐꾹새도 만나고, 더운 여름날 혼자서 수음하고 있는 단풍나무도 만날 것이다.

산 아래를 바라본다. 붉은 잎새들이 뿜어주는 붉은 향, 샛노란 잎새들이 뿜어주는 샛노란 향이 정상을 향하여 살금살금 걸어 올라와 내 후각을 기분 좋게 한다. 환장할 꽃불로 숨 막히게 타오르는 단풍은 해마다 향기 머금은 가을꽃으로 타오른다. 세월은 아주 정직함을 나에게 경험시킨다.

아무 것도 할 수 없을 정도로 마음이 무겁고 답답할 때 산에 오르면 산은 온갖 향기로 나를 붙잡아 놓고 내려가지 못하게 한다. 산에 가면 가면과 가식이 벗겨지고 나 자신과의 솔직한 대화가 가능해진다. 진정한 나를 찾는 기쁨을 누린다. 처음에는 무리하지 않고 한 시간 정도 걷다가, 다음에는 두 시간 정도로 늘려가고, 지금은 서너 시간 정도는 거뜬히 걷는다.

한 달에 한 번은 산악회 차를 타고 멀리도 나간다. 겨울에서 가을까지 계속하여 뿜어주는 산의 향기를 맡는 일에 지금은 익숙해졌다. 땀을 뻘뻘 흘리며 정상에 올라 맡게 되는 그윽한 향 맛은 그 어느 표현으로도 대신할 수가 없다. 그러다 보니 전국의 산이란 산은 거의 섭렵한 것 같다. 고생이라 생각하면 고생이지만 산을 정복하고 나서 느끼는 희열은 그 무엇과도 바꿀 수 없는 즐거움이다.

향기를 맡는 일도 좋지만 그렇게 하다 보니 나 자신을 되돌아보는 여유를 갖게 되고, 건강에도 자신이 붙었다. 산은 하나의 오랜 친구이자 내 주치의이다. 컨디션이 안 좋다 싶으면 이제는 병원을 찾는 대신 계절 냄새를 맡으러 나는 산으로 간다. 걸으며 산들이 들려주는 음악을 듣기도 하고, 시 암송도 하고, 하루를 되돌아보는 여유도 갖게 된다. 몸과 마음이 정갈해지는 그 느낌은 어떤 것과도 비교할 수 없는 매력이다. 행복에 이르는 길은 실로 간단하다. 사랑하는 모든 것들과 함께 하는 것이다.

요즘은 황금의 계절이다. 오늘도 시간을 내서 산에 오를 작정이다.

보통사람으로 살아간다는 것

낮게 내려앉는 산과 들에 늦가을 비가 촉촉하게 내렸다. 가을 냄새 풍기는 산과 들이 붉고 노란색으로 치장하고 먼 산을 휘돌던 안개가 온산을 회색빛으로 바꾸어 놓았다. 참 아름다운 풍경이다. 이런 풍경과 대화할 수 있는 사람들은 고귀한 사람들이 아닌 보통사람들이다. 여린 들꽃 같은 사람들이다.

보통사람끼리 만나서 결혼하고, 평범한 구조와 치장을 한 집에서 기쁨을 누리며 살고, 보통사람들끼리 친분관계 맺으며 살아간다는 것은 행복한 일이다. 과유불급이라 했다. 지나침은 모자람만 못하다. 보통사람들의 웃음은 보통이상의 사람들의 그것과 구별된다. 가식이 없다. 사진을 찍어보면 안다.

돋보기는 사소한 것은 보지 말고 살라는 뜻으로 만들어졌다고 한다. 위를 보면 한 없이 처량해지고, 아래를 보면 좀 위안을 받는다. 장미꽃 망울처럼 터지는 보통 사람들의 웃음, 보통사람들은 그 웃음을 사랑한다.

땅에 뿌리를 내린 순간부터 나를 키운 건 제도가 아니라, 권력이 아니라, 배경이 아니라 햇빛과 바람을 포함한 자연이었다고 생각하며 사는 사람들이 보통사람들이다.

봄은 꿈꾸는 소리를 낸다. 보통사람들의 삶은 항상 봄이다. 그리고 긍정적이다. '나는 원래 귀한 사람이다.'라는 생각을 훈장처럼 어깨에 달고 사는 사람들이다. 보통사람의 몸에는 향기가 있다. 마음을 열고 만나니 편견도 없다. 나는 그 향을 첫사랑의 고백처럼 떨리는 마음으로 받아들인다.

보통사람들의 삶은 애환으로 허덕일 때 삶의 벗이 되어 주고 나침반이 되어 주는 삶들이다. 그러면서 자식들에게는 큰 산처럼 변함없는 모습을 보이는 부정(父情)이요 모정(母情)이다. 그들은 흘러간 세월이 모이고 지나간 시간이 켜켜이 쌓여 있는 곳에서 자신들의 생을 살찌운다. 연륜은 쇠도 녹게 한다. 그들은 걷거나 뛰거나 삶은 같은 거라는 철칙을 나이 든 뒤에야 깨닫고는 비시시 웃는 여유를 보인다.

바람은 특별한 날이나 휴지를 나비로 만들어내지만 보통사람의 생각은 언제나 하늘을 난다. 보통사람들은 파랗게 쏟아지는 별빛 연륙교 위에 맨몸으로 누워 별들을 안아보는 꿈을 꾼다. 그것뿐인가? 물총을 쏘면서 즐거워하고, 굴렁쇠를 굴리면서 행복을 느낀다. 오늘밤도 고향집 굴뚝에서 연기가 구수하게 방안으로 스며드는 꿈을 꿀 것이다.

이 가을에 보통사람들은 당신을 그리는 사부곡(思婦〈夫〉曲)을 쓴다. 옛 추억을 맛깔스런 사투리에 갈무리하여 숭숭 썰어내면서 사부곡(思婦〈夫〉曲)을 쓴다. 입춘 소식을 듣지 못한 우중충한 모피 같은 건 입지 못했을지언정 가까운 이웃끼리 군밤 나누어 먹을 줄은 안다.

무소유로 양팔 벌리고 사는 허수아비와 친구가 되고자 달 뜨는 밤이면 몸이 근질거려 외출을 한다. 그들의 표정엔 헤픈 웃음 웃고 있는 탱탱한 알곡을 자랑하는 벼들의 생애가 찰지게 녹아 흐른다.

가진 것은 없어도 스스로를 사랑하는 법을 터득히였고, 가공하지 않은 이야기를 갖고 있고, 수정처럼 맑고 투명한 생각들을 가지고 있다. 그들의 자녀들은 굴러가는 낙엽만 봐도 배꼽을 잡고 웃는 천진을 유전인자로 받아가지고 살고 있다. 그들에게는 북받치는 설움, 사무치는 그리움, 지난 일들이 한 올 한 올 회한으로 되살아나 가슴을 후벼 파는 일도 없다.

저 멀리서 가을 그림 한 폭 지우개로 지우듯 감을 따는 모습의 노년의 모습이 그리 행복해 보일 수가 없다 하며 행복을 만끽한다.

넘기 어려운 고비마다 흔들렸지만 독하게 살자 다짐하는 보통사람들에게 희망이 있고, 꿈이 있고, 재미가 있다. 그래서 그들은 웃음으로 슬픔을 말리고, 눈물을 말린다.

보통사람으로 살아갈 수 있다는 것이 행복하다.

존재로 행복감을 느끼는 사람

작은 몸짓은 드러나지 않는다. 까치발을 선다고, 굽 높은 하이힐을 신는다고 드러나는 것도 아니다. 과욕은 신물을 거둔다 했다. 행복이 뭔가. 남 앞에 군림하면 생기는 것인가. 아니지 않은가.

행복한 삶을 위해서는 자신을 낮추는 것이 좋다. 상대방의 코피를 터뜨려야만 이기는 것인가. 떳떳하게 지는 법을 배우는 것이 좋다. 항상 겸손해야 하며, 욕심 부리지 않고, 더러는 포기할 줄도 알아야 한다. 지는 게 이기는 것이다. 대나무 같은 유연성을 지닌다면 더 바랄 것이 없다. 창해의 일속 같은 미약한 존재가 인간이다.

꼭 이기려 하는 사람을 만나면 피곤하다. 두 번 다시 상대하고 싶지 않다. 사사건건 일일이 따지고, 이 말 저 말 여기저기 옮기고, 식사도 같이하는 걸 싫어해 구석 자리에서 혼자 먹고, 싸움을 해도 사생

결단하려 하고, 되지도 않을 일을 가지고 오기 부리고, 구질구질하게 변명이나 늘어놓는 이런 사람 말이다. 한 해 동안 나무의 수액과 영양소를 공급받아 싱싱하게 피어난 잎새도 화려한 여름을 풍미하고 가는 시한부 삶이라는 걸 알고 있다는데 하물며 인간이 그걸 모른대서야.

내가 가졌던 뜻과 터뜨렸던 말과 부렸던 행동이 오늘 따라 뜨물에 담갔다가 꺼내놓은 개대가리처럼 보인다면 안 되겠다. 남의 훌륭함에 감탄하고 자신의 미흡함을 부끄럽게 생각하며 살아갈 수 있다면 어이 아니 좋으랴. 행장 하나 챙기지 않고 홀가분한 몸으로 길 떠나는 낙엽의 고귀한 철학을 배울 일이다.

나이를 먹었어도 팔팔하게 살려 노력하고, 100%가 아니고 70%로도 만족하고, 자기 수입의 10%는, 아니 1%는 남을 위해 베풀 수 있는 사람이라면 좋겠다. 상대의 조그마한 잘못도 그냥 지나치지 못하고 꼭 상처를 입히고야 마는 장애를 갖고 있고, 간사한 칭찬에 주제를 모르고 방자한 마음을 가지는 장애를 갖고 있다면 불쌍한 존재임에 틀림없다.

달은 세월이 아무리 흘러도 늙지 않는다. 새벽 종소리는 불교 최고의 이상인 보리를 성취케 한다. 날씨는 하늘이 만들고, 달력은 사람이 만드는 것 아니겠는가? 계곡을 걸으면서 모나면 모난 대로 투박하면 투박한 대로 어디든 쓸모가 있음을 제 모습으로 웅변해주는 돌을 만나면 경지에 오른 인격자를 만난 듯한 행복감에 젖어든다.

농부가 봄에 씨를 뿌리는 것만으로 가을의 수확을 약속받는 것은 아니다. 제 때에 잡초 뽑고, 김 매주며 때때로 약도 쳐주고, 자양분이 될 수 있는 거름을 주는 등 갖은 정성을 다 쏟아야만 풍성한 결실을 거둘 수 있는 것이다.

내가 한껏 작아짐으로써 세상은 밝아지고 저마다 빛깔을 내세우지 않으니 평화로운 것이다. 외로운 갈매기들의 보금자리가 되어주고, 바다와 하늘, 떠도는 바람도 쉬어가게 하는 해변, 그들의 포근한 베개가 되어주고, 모성의 품이 되어주는 그런 사람이고 싶다.

거센 바람에도 떨어지지 않고 메마른 가지에 붙어 있는 굴참나무 잎새가 어쩌면 우리 인생의 억척스런 삶을 대변해주는 것은 아닌지 모르겠다. 내 하루 삶 속에서 기분 좋은 시간이 길어야 행복한 것이다.

내 곁에 지천인 대추나무가 다망다망한 전설이라도 피워낼 것만 같은 오늘이다. 온갖 풀과 나무들이 공생하는 산속에는 초목의 빛깔과 모습들이 기묘한 자태를 선보인다. 의연히 청록색 잎새를 자랑하며 서 있는 소나무는 군자답게 산을 호령하며 천수백화를 거느린다. 그들이 욕심을 부리는가? 마음을 비우고 나니 저런 풍요를 선물로 받는 것이 아닌가? 감탄이 삶의 동력이 된다면 좋겠다.

실체는 찾을 수 없으나 제 몸에 깃든 녹처럼 다시 피어나는 관능의 노도의 해일을 어찌 처리해야 할까 고민 좀 해봐야겠다. 혼탁해진 마음의 뜰을 비질하듯 오늘도 마당을 쓸고 싶다. 마음속에 덕지덕지 더러운 모습으로 붙어 있는 안일과 나태라는 병을 치유하기 위해 오늘은 내 주치의인 산을 만나고 싶다. 마음이 움직이면 나도 모르게 하이파이브를 외치게 된다.

소유로 행복한 것이 아니라 존재로 행복감을 느낄 줄 아는 그런 사람이 되고 싶다. 돈에 너무 욕심을 두면 안 된다.

인지찰즉무도(人至察則無徒)

이름난 빵가게 앞에 모여드는 사람들처럼 친구 중에는 유독 사람을 많이 꾀게(?) 하는 마력을 가진 친구가 있다. 그 이면을 살펴보면 그게 우연히 이루어진 게 아니라는 걸 알 수 있다. 옷을 화려하게 입었다든가 향수를 자주 뿌린다든가 해서 모여드는 게 아니다. 내면에서 우러나오는 독특한 향이 있기 때문이다. 그 독특한 향이 무엇일까를 생각해 본다. 소위 말하여 덕을 쌓았기 때문이 아닐까.

수지청즉무어(水至淸則無魚) 인지찰즉무도(人至察則無徒)라 했다. 물이 지나치게 맑으면 고기가 놀 수 없고, 사람이 지나치게 야박하거나 똑똑하면 다른 사람들이 그를 두려워하고 피하여 벗을 사귈 수 없음을 이르는 말이다.

어떤 때는 남의 말이 약간 틀려도 그냥 모르는 척 넘어도 가고, 그의 말에 맞장구를 쳐주어 상대방으로 하여금 관심을 끌면 좋으련만 그 자리에서 면박을 주듯 이야기를 끊는 등 잘난 체하면 누가 그를 친구로 격의 없이 대해주고 만나 주겠는가. 팔뚝에 붙은 거머리 떼어 내듯 모진 말을 한다면 누가 받아들이겠는가.

모르는 것을 지적해줌도 좋은 일이지만 어떤 때는 그냥 대충 넘어 감도 그리 나쁜 것은 아닐진대 인생에 있어 가장 중요한 것은 실패했다고 낙심하지 않는 것이며, 성공했다고 지나친 기쁨에 도취되지 않는 것이 중요하다. 친구 중에는 모르는 것만으로도 기죽게 되는데 좀 안다고 해서 거만 떠는 사람이 있으면 정말 못 봐 준다.

악(惡)을 보면 뱀을 본 듯 피하고, 선(善)을 보면 꽃을 본 듯 반긴다면 누가 싫어할까? 은혜를 베풀거든 보답을 바라지 말고, 은혜를 받았거든 작게라도 보답을 해야 하는 것이 도리일 것이나 그게 맘대로 쉽게 잘 되지 아니하니 그게 문제라면 문제이다.

타인의 허물은 덮어서 다독거리고 내 허물은 들춰서 다듬고 고쳐야 하는데 그게 잘 안 되는 거라. 잘 안 되는 건 차치하고라도 그 반대로 행동하니 누가 좋아하겠는가 말이다.

마음이 원래부터 없는 이는 바보이고, 가진 마음을 버리는 이는 성인이라 일컫거늘 말로는 쉽다. 그게 맘대로 이뤄지는 게 아니니 문제다.

받는 기쁨은 짧고, 주는 기쁨은 길다고 했다. 늘 기쁘게 사는 사람은 주는 기쁨을 가진 사람이다. 내가 남한테 주는 것은 언젠가 내게 다시 돌아온다. 그러나 내가 남한테 던지는 것은 내게 다시 돌아오지 않는다. 아니 돌아오긴 돌아오는데 나쁜 것으로 변하여 돌아온다. 억지로 제비 다리 부러뜨리면 재앙이 오는 법이라고 우리는 어려서부터 듣고 배워 익혀 잘 알고 있는 터이다.

사소한 일로 해서 원수 맺지 말고, 이미 맺었거든 맺은 자가 먼저 풀어야 하는 것이다. 그래서 결자해지란 말이 생겨났다.

죽어서 천당 갈 생각 말고, 살아서 원한 사지 말고, 죄 짓지 않는 것은 덕을 쌓아가는 지름길이다. 좋은 것은 말로 주고, 되로 받는다는 심정으로 살면 천하가 태평하다.

나를 용서하는 마음으로 타인을 용서하고, 나를 다독거리는 마음으로 타인을 다독거릴 수 있다면 그보다 더 좋은 것은 없으리라.

그렇지 않아도 도시의 인심은 전깃불처럼 밝지도 따뜻하지도 않다고 하는 사람들이 많은데 내가 그 대열에 끼어 살고 있으니 어찌하면 좋은가. 왕의 사랑을 받는 것처럼 큰 영광을 누리게 되었다 하더라도 그냥 놀란 듯 만하면 되지 그걸 겉으로 드러내지는 말 일이다. 인간사 영고성쇠는 돌고 도는 것이다.

알면서도 실천하지 못하는 우매한 인간은 채찍을 맞아도 싸다.

한번 무너지면 다시 쌓을 수 없는 것들

인생의 행복과 즐거움은 평범한 일상의 구석구석에 숨어 있다. 발걸음을 멈춰 길가에 펼쳐지는 정경을 바라볼 때, 우연히 길을 잃었을 때, 가까운 길을 오히려 돌아갈 때, 나는 아름답고 신비로운 인생의 풍경들을 만나게 된다. 사람의 일생은 무척 긴 듯하지만 실은 너무나 짧다는 것을 느낀다.

존경했던 사람이었는데 어떠어떠한 일로 그 존경의 의미기 무너졌을 때의 허망함이란 어떤 것으로도 보상 받을 수 없다. 더구나 정신적 지주로서의 존경의 대상이 물질적인 것에 의해 붕괴되었을 때의 허망함은 그 도가 더욱 진하다. 보석도 볼 줄 아는 사람에게나 가치가 있는 것이다. 인생도 그렇다. 자신을 소중히 여기는 사람일수록 가치 있는 인생을 살아간다.

선생님이 귓속말 시험에서 나에게 '네가 내 아들이었으면 좋겠구나.'라는 말 한마디로 선생님에 대한 존경은 콘크리트보다도 더욱 단단하게 지속되었지 않은가. 존경받는 어른의 목소리는 찻잔처럼 따뜻하고 녹차향처럼 은은하다. 해돋이 같은 서광을 상대가 내 눈빛에서 발견할 수 있다면 얼마나 좋을까?

존경을 깨뜨리는 요소는 내 언행에 있지 않을까 한다. 항상 도덕군자처럼 생활할 수는 없는 일이지만 최소한 그에 근접하는 언행을 한다면 금이 가지 않을 일이다. 하루 아침에 돌 맞은 유리창처럼 나에 대한 존경이 박살난다는 상상만 해도 끔찍한 일이다. 평생 쏟은 한량없는 사랑의 앙금으로 응고된 눈빛이 오래오래 지속되기를 희원한다.

친구 간에, 상하 간에, 동료 간에 믿었던 신뢰가 하루아침에 무너지게 되면 허탈을 넘어 배신의 경지로 추락해 버린다. 생활의 아픈 멍을 가슴으로 싸안으며 얼굴엔 항시 햇살 같은 웃음으로 어둠을 밝혀주고 고향같이 편안했던 사람이었는데 그리 중요하지도 않은 일로 신뢰가 무너졌다면 통탄할 일이 아니겠는가? 믿고 신경을 써주면 누구나 성공의 길로 진입하기가 쉬워진다.

모든 요리 과정에는 정성과 행복과 보람이 스며 있다. 살아가는 데는 물과 공기가 필요하다는 건 누구나 알고 있다. 거기다 또 하나 신뢰가 필요하다. 남을 믿지 않는다면 진심이란 있을 수 없다. 나는 이런 말을 한 친구의 우정을 오래도록 감사하게 생각하고 있다. '정말로 내게 답례하고 싶으면 나중에 곤경에 빠져 있는 사람을 만났을 때 그냥 지나치지 말고 도와주라.' 이런 말을 할 수 있는 친구라면 그 우정도 빛을 발하지 않을까. 사랑을 받으면 싹이 안 클 수가 없다. 하나의 참은 아흔아홉의 거짓을 이긴다.

'잊을 수 없는 결혼 43주년 선물은 눈에는 보이지 않는 당신의 마음, 그것이었다.'고 말하는 내 아내의 나에 대한 신뢰는 그 무엇과도 바꿀 수 없는 것이다. 사소한 것에 고마움을 느끼는 순간, 새로운 삶은 시작된다. 저물녘 강가를 나란히 다정스레 걸어가는 노부부의 은발 위로 노을빛이 물들고 있다.

친구 간의 우정도 그렇다. 금이 가기 시작한 항아리는 결국에는 깨지고 만다. 발생 초기에 완벽한 치료가 선행된다면 모르되 어느 정도 진행된 다음에는 복원 가능성은 정말 희박하다. 이건 새로 사귀게 되는 친구 간 우정보다도 더 걱정되는 대목이다. 강물은 어제처럼 흘러가는데 정다운 얼굴이 보이지 않는다면 어딘가 잘못된 일이겠다. 하얀 돛단배가 아침의 건반을 두드리며 지나가는데 어느 날 갑자기 차디찬 몰골로 나를 내할 때 상실감에 빠진다. 사랑과 우정은 상대방의 입장을 먼저 생각하는 데서 생긴다. 우정을 키우는 데는 잘난 체 하지 않는 일이다. 내가 먼저 고개를 숙이는 일이다. 그게 지는 일이 아니기에 내가 솔선해서 먼저 해야 할 것이다.

오래 입은 청바지 같고, 낡은 구두 같고, 닳은 가방 같은 사람, 걸치기만 하면 내 몸처럼 내 마음처럼 하나가 되는 사람, 이질감이 전혀 느껴지지 않는 사람이 주는 정이야말로 나를 감탄하게 하는 감로수가 아니겠는가? 달빛과 바다의 만남은 사랑이 무르익은 연인 같다는 생각이 아니 드는가?

내 인생은 지금도 여행 중

여행은 우수를 느끼게 하는 것인가? 십대 때는 어디 간다면, 무조건 좋아라 따라 나섰던 나이였다. 내 생각은 전혀 반영되지 않은 여행이었다. 그렇더라도 따라 나선다는 것 자체만으로도 좋았다. 먹거리가 풍족하지 않았던 시절이었지만 집을 나서면 이것저것 먹을 것이 많았다. 먹는 기쁨보다 더 나은 기쁨이 또 어디 있으랴. 발품을 팔아도, 짐짝 싣듯 실어대는 시내비스라도, 몸을 맡기는 자체만으로도 기쁨은 배가 되었다. 옥수수를 먹고, 고구마를 먹고, 얼음과자를 먹는 그 기쁨은 십대 때의 최고의 기쁨이었다. 자치기를 하며 철없이 뛰놀던 옛 친구들의 목소리가 들려오는 것 같다.

이십대 때는 좋아하는 사람과 함께한다면 행선지를 고집하지 않았던 나이, 인생은 데이트 그 자체였다. 세상이 다 내 것 같았던 시절,

둘이 하는 여행은 달콤한 눈깔사탕이었다. 이성을 알만한 나이가 되어서 손잡고 팔짱 끼고 걷는 길은 아니었어도 대도시로 나가면 어디서 그런 용기가 나왔는지 앞서거니 뒤서거니 하지 않는 것만으로도 행복했다. 슬그머니 아내 될 사람의 손을 잡고 휘황찬란한 네온사인들을 바라보며 걷는 맛이란 정말 세상이 우리 둘만의 세상 같았다.

삼십대 때는 어디 한 번 가려면 애들 챙겨야 하고, 이것 저것 걸리는 게 많지만 꼭 한 번 가보고 말겠다고 다짐했던 나이, 이때의 인생은 해외여행이 아니었나 생각된다. 그래도 해외여행은 꿈도 꾸지 못했다. 해외여행뿐이었으랴. 국내여행도 재대로 못했다. 시골 고향에서 대도시로 나와 직장생활을 하던 때였다. 아이들 둘도 제대로 먹이고 입히지 못하던 시절이었는데 여행은 무슨 여행이었겠는가? 가까운 곳으로 자가용도 없이 완행버스를 타고 몇 번 다녔던 기억밖에는 없다. 텔레비전도 낡아 주인집 거실로 컬러텔레비전을 보러 두 아이가 나가고 나면 어찌나 미안했던지. 나의 삼십대는 그렇게 지나갔다.

사십대 때는 종착역이 얼마나 남았나, 기차표도 챙겨놓고, 놓고 내리는 물건이 없나 이것 저것 살피는 나이, 인생은 기차여행이었다. 기차를 처음 타본 것이 1960대 초반이었다. 경주로 수학여행을 가게 되어 가까운 역으로 나와 기차를 탔는데 멈출 때마다 정지 스트레스를 많이 받았다. 그 덕분에 기차에서도 구토를 했다. 종착역은 무슨 종착역, 그런 생각은 아예 할 수 없었다. 사는 것이 바빠 기차표 챙기고, 놓고 내리는 물건이 없나 챙기는 일도 어려웠다. 전직을 하고 나서 그곳에서 정착하는데 어려움을 겪던 시절이었으니 여행이란 것은 생각할 수조차 없었던 시절이었다. 이제 와 생각하니 아이들하고 아내에게 미안한 마음뿐이다. 그래도 운이 좋았던가 승진이란 큰 선물을 받고 사십대 후반이 나로서는 알차게 보낸 시절이었다며 자위하고 있다.

오십대 때는 어딜 가도 유서 깊은 역사가 먼저 눈에 들어오는 나이, 인생은 고적답사 여행이었다. 그렇다. 고적답사 여행의 시절이었는데 그것이 여의치 않았다. 더 높은 곳을 향한 나의 집념이 나를 무사안일의 상태로 놓아주지 않았다. 일밖에 모르는 친치 같은 친치, 가정에서의 나에 대한 평가는 바닥점수였다. 그래도 아이들이 제 앞길을 잘 개척해나가니 나에게도 힘이 축적될 수 있었다. 내가 하고 있는 직종에서 최고의 자리에까지 오를 수 있었으니 그 후광은 모두가 아내와 아이들이 제공해 준 선물의 영향이었다. 이제야 외국으로 눈을 돌려 미국, 캐나다, 멕시코 등을 돌아다니며 견문을 넓힐 수 있었다.

육십대 때는 나이, 학벌, 재력, 외모도 상관없이 어릴 때 동무를 만나면 무조건 반가운 나이, 이때는 순수한 수학여행이다. 육십대에 반세기에 가까운 시절 몸담았던 정든 곳을 떠나 홀로서기를 해야 하는 시기에 도달해 지난날을 되돌아보니 영광보다는 상처뿐이었구나 하는 자책이 든다. 그러나 후회는 하지 않는다. 나를 오십 년 가까이 큰 어려움 없이 정년을 맞게 해준 모든 분들에게 감사한다. 정년을 맞을 때 그간 수고해 준 아내에게 따뜻한 마음의 선물이나마 재대로 전해 주지 못한 것이 후회로 남는다.

칠십대 때는 이제는 누굴 찾아 나서기보다는 언제쯤 누가 찾아올까, 기다려지는 나이, 인생은 추억여행이 아닐까 생각되는 나이다. 그렇다. 추억여행이다. 나이 들어 가장 어려운 것은 경제적인 어려움과 질병, 그리고 외로움이 아닌가 한다. 매달 일정액의 돈이 내 통장에 꼬박꼬박 입금되고, 맘에 맞는 친구들과 취미생활도 하고, 내 건강을 위해 그간 하지 못했던 여러 운동까지 할 수 있음은 영광 중의 영광이다. 시간이 난다고 해서 빛 바랜 앨범을 들추지는 않으려 한다. 추억여행이란 명목 하에 들추게 되는 앨범 속에서 허무함과 후회막급함을 느끼게 될 터이니 말이다. 단체사진 중 군데군데 빠진 이빨 자국은 현대의학으로도 치유할 수 없는 고질병이기 때문이다.

인생이란 보이지 않는 승차권 하나 달랑 손에 움켜쥐고 멀리 떠나는 기차여행이라는 말이 실감나게 다가오는 요즘이다. 그러나 그 기차여행은 왕복표가 없다는 것을 생각해야 하는 여행이다. 한 번 왔던 길을 되짚어 갈 수 없는 것이니 하루하루를 최선을 다해 후회 없는 기록을 남길 일이다.

여행도 준비를 어떻게, 얼마나 했느냐에 따라서 즐거움의 차이가 크지 않을까. 즐거움을 느끼기 위해서 이제부터라도 내가 해야 할 일은 어떤 것일까 꼼꼼히 생각해 본다.

이웃들의 사랑을 받고 사는 민둥산

산 중에서도 평준화를 고집하는 산이 있었다. 나보다 키가 큰 이웃은 함께 할 수 없다는 선전포고라도 내렸는가? 외국에 나갔을 땐가 우리나라 산들과 같이 키가 큰 나무들을 볼 수 없었다. 사막지대는 모두가 그랬다. 토양이 나무를 키울 수 있는 젖과 꿀 같은 영양분을 간직하고 있지 못하기 때문이었다.

잊그세는 강원도 정선군에 위치한 민둥산에 다녀왔다. '민둥산' 하면 우선 떠오르는 것이 벌거숭이라는 느낌이다. 그런데 벌거숭이가 아니었다. 억새보다 키가 큰 식물들은 자진해서 이곳에 뿌리를 내리지 않아 붙여진 이름이란다. 통나무로 만든 철책으로 울타리를 해놓아 목장길을 걷는 느낌을 받았다. 세상 물정 모르고 자란 억새들을 만나니 그들과 키 재기를 하고 싶은 생각이 들었다. 그들이 들려주는 설교보다 간절한 소리에 귀를 기울여 보았다. 한줄기 갈빛 바람을 벗하며 억새들이 여자로 변하여 이제 아줌마의 나이쯤 되어 아름다운 향을 풍기면서 멋진 정경을 연출해 주었다.

가을의 중심을 향해 달려가는 억새들의 갈색빛이 무척 원숙함을 느끼게 했다. 태풍이 오기 전에 둥지를 찾던 작은 새들에게 기꺼이 보금자리를 내주었던 억새밭이다. 정상에 오르니 사방이 훤히 트여 보였다. 정상에 올라 나를 생각하고, 상대를 생각하고, 우리를 생각해 보았다. 이 세상은 모두가 함께 하는 곳이다. 산은 미움과 질투가 살지 않는 곳이다. 무한한 사랑만이, 베풂만이 함께 하는 곳이다. 아픈 사람 다독여주고, 배고픈 사람에게 넉넉한 식량까지 제공해준다. 누구 하나 찡그린 얼굴을 하고 있는 사람이 있는가? 산이 다가와 안겨주는 기쁨보다 내가 찾아가 안기는 희열이 더 크다는 것을 오늘 다시금 느꼈다.

정상에서 아래를 내려다보니 평화로운 모습으로 이웃 간의 대화 소리가 들릴 듯한 그런 정겨운 마을들이 눈에 들어왔다. 붉고 푸른 지붕색깔들이 주위의 단풍들과 조화를 잘 이루어내고 있었다. 산은 원하는 사람에게는 절대로 빈손으로 보내지 않는다. 수만 악기의 질 고운 하모니까지 선물로 준다.

민둥산에 대해 과학적인 설명까지는 하지 않으련다. 참억새들이 사는 마을에 도토리, 상수리나무가 지천이고, 소나무, 전나무들이 지천이라면 억새들이 이 가을에 이런 장관을 연출할 수 있을까? 그 크고 푸른 잎을 가진 상록수들이 자진하여 억새들의 마을을 점령하지 않은 것이다.

가진 자, 힘 있는 자들이 그들의 기득권을 포기하고 나보다 못한(?) 자들에게도 행복추구권을 나누어 주어야 한다는 생각이 들어 흡족한 마음을 지울 수가 없었다. 사철 푸르른 상록수들이 베풀 수 있는 최소한의 배려이겠다.

그곳이 아니더라도 여름이면 상쾌한 나무그늘을 주고, 가을이면 잘 익은 열매로 베풀 수 있는데 굳이 억새들의 삶을 방해하고 싶었겠는가? 마음을 잘 먹으면 북두칠성이 굽어본다는 사실을 알고 있는 그들이다. 그들의 수관(樹冠)에는 옥색의 새벽빛이 선녀의 치맛자락처럼 향기로울 것이다.

토끼마을에 살쾡이나 호랑이들이 침입했다고 생각해보면 쉽게 이해가 된다. 토끼들이 평화롭게 살아가도록 큰 동물들이 자리를 비켜주는 배려를 베푼 것이다. 얼마나 아름다운 정경인가? 큰 사람의 덕은 보아도 큰 나무의 덕은 보지 못한다고 했다. 그들도 그런 상식쯤은 학창시절에 배워 익힌 모양이다.

지금까지 많은 산을 다녀보지는 못했지만 정상에서 이런 아름다움을 연출해준 산도 그리 많지 않았다. 반가운 얼굴로 한달음에 달려와 다정하게 악수 청하던 민둥산이 하직인사를 하려 할 때에는 표정이 어두워진다. 그도 감정을 소유하고 있는 인격체이던가? 그래서 내가 달래주었다. 나름대로 열심히 살아가라고, 힘 없고 가진 것 적고, 덩

치도 작은 당신들은 하늘에서 내려 보낸 천사 이상이라고.

민둥산은 그 자체가 예술이요 불후의 명작만을 간직한 산이었다. 그런 명산을 땀을 뻘뻘 흘리고 급한 심장 박동과 친구하면서 세 시간여의 시간을 소요해서 넘었다는 자부심이 나를 기쁘게 했다.

살아가면서 반드시 갖고 있어야 할 것들

누구나 자신의 인생에서 무엇인가 나름대로 할 일을 발견하고 그 일에 신념을 가지고 살아왔다면 비록 아무것도 이루지 못했다 하더라도 패배한 삶이라고 볼 수는 없겠다.

건강에 대하여는 아무리 강조해도 지나침이 없다. 건강만 가지면 세상의 어떤 어려운 일도 성취할 수 있다. 그런 의미에서 세상에서 가장 소중한 것은 당연히 건강이다. 건강이 뒷받침 되지 않는다면 그건 살아 있다는 의미도 없다. '철의 왕자'라든가 '아이디어 공장인 대장부'라든가 하는 별칭을 가지고 있으면 무엇하나? 건강이 뒷받침되지 않으면 숨이 가빠 복날 강아지처럼 매양 헐떡거리기만 하는 삶일 터인데.

누우면 죽고, 걸으면 산다. 건강의 비결은 탑 쌓기와 같이 일관성 있는 끈기가 중요하다. 시간이 걸리더라도 하루하루 규칙적인 생활 습관으로 유연성을 집어넣어야 한다. 볼품없이 초췌하고 윤기 잃은 바가지를 뒤집어 쓴 듯한 대머리에 살점 하나 없이 움푹 파인 볼에 칙칙한 어둠이 고이고 있다면 어떻겠는가? 오늘 외출했을 때 나이를 모르는 푸른 이파리 하나가 무심코 땅에 떨어져 자동차 바퀴에 깔리는 모습이 나를 슬프게 했다.

일찍부터 스트레스 소화력을 길러야 한다. 스트레스를 푸는 나만의 방식을 터득해야 한다. 술 마시고, 노래 부르는 것만 가지고는 도움이 안 된다. 가끔 골프를 치는 것은 취미이지 운동이 아니다. 운동을 위한 운동이 아니면 건강에 도움이 되지 않는다. 땀 흘리면서 꾸준히 운동하면 건강은 유지된다. 운동을 하면 혈액이 빠르게 순환된다. 혈액이 혈관의 말단부위를 통과하면서 주위에 쌓인 찌꺼기를 다 쓸어간다. 그래서 건강해지는 것이다.

나이를 먹을수록 재산의 중요성이 강조된다. 돈으로 선행을 쌓고, 돈으로 극락 가는 티켓을 사는 것은 아니겠지만 그래도 최소한의 생활 유지를 위해서는 기본적인 재산은 있어야 한다. 나이가 들수록 의상도 제대로 갖춰 입어야 한다. 꾀죄죄한 모습으로 대중 앞에 나타나면 인격까지도 아래로 내려다본다. 기본을 갖추기 위해서는 반드시 최소한의 재산은 필요하다. 젊어서도 그렇지만 특히 노년기의 극빈은 사람을 초라하게 만든다. 무소유로 양 팔 벌린 허수아비가 부럽다 외치는 사람의 허세는 받아들일 수 없다. 이미 고목이 되어 생산성을 잃는 감나무가 되어서는 안 된다. 그릇은 화려한데 담을 음식이 없다면 어떠하겠는가?

늙어서 자식이나 친인척에 도와달라고 손을 벌리면 그때부터 천덕꾸러기가 된다. 죽을 때까지 현금이나 재산을 갖고 있어야 사람 대접을 받는다. 한 번 얻어먹으면 나도 한 번 사야 친구들이 불러주고, 친인척도 왕래한다. 지금은 자식들에게도 베풀어야 부모자식 간에 정이 생기게 되고, 자식들로부터 부모 대접을 받는 세상이다. 신발이 작아 발이 아프다 하소연해도 손자녀석에게 신발도 사주지 못하는 신세라면 곤란하다. 사람이 늙으면 욕심이 늘고 인색해진다고 하지만 쓸 때는 써야 하겠기에 하는 말이다.

친구는 사회생활을 하는데 있어서 꼭 필요한 존재다. 인간은 혼자서는 살아갈 수 없는 공동체 생활을 하면서 살도록 선택 받았기에 반드시 있어야 한다. 생명까지 바꿀 수 있는 친구라면 더 말할 나위 없겠지만 고독을 달래고 취미생활을 같이 할 수 있는 친구는 꼭 있어야 한다. 친구가 감성적으로 가장 든든한 격려자라면 라이벌은 이성적으로 가장 커다란 자극제가 될 것이다. 그렇다면 라이벌은 성장촉진제가 되겠다.

세상에 낯선 사람은 없다. 아직 알지 못한 친구가 있을 뿐이다. 의사소통에 탁월한 사람은 다른 사람에 대한 배려가 많은 사람이다. 역경은 진정으로 자신을 비춰볼 수 있게 하는 거울이다.

내 친구가 나에게 해준 말 한마디로 내 가슴속에 뜨거운 이물질 같은 것이 치밀고 올라오는 느낌을 받았다. 아주 오랜 시간이 흐른 뒤에야 나는 그것이 무엇인지 비로소 알 수 있었다. 그것은 그 친구가 나에게 준 것은 다름 아닌 자신감이었다. 친구가 아니었으면 그걸 주었겠는가? 지금에 와 생각하니 구릿빛 얼굴에 은은한 미소가 피어오른다. 그는 가슴에 난로를 장착하고 사는 사람이었다.

바닷속 물고기와 강의 물고기, 어항속의 물고기 중에서 누가 제일 행복하겠는가를 물었더니 친구가 있는 물고기라고 답했다 하지 않는가. '악처가 효자보다 낫고, 천 량 들여 집 샀거든 팔백 들여 이웃을 사라.' 했다.

우리나라가 OECD 국가 중 자살율이 가장 높다는 것은 무얼 의미하는가? 돈이 문제가 될 수도 있고, 집이 문제가 될 수도 있겠지만 친구가 없어서일 가능성도 꽤 높을 것이라는 생각이 든다. 말 동무가 없어서일 것이다. 외롭고 쓸쓸해서 그럴 것이다. 그런 사람한테는 밤에 흐르는 것은 물이 아니라 그리움이 아닐까 하는 생각을 해본다.

그런 사람에게 휴일이 늘어난다고 무진장 행복해질까?

여섯 시간 반 동안의 깨달음

청자빛 하늘, 11월 말에 어울리지 않는 날씨가 나의 산행에 도움을 주었다. 산행담당자의 설명은 약 다섯 시간 정도가 소요될 것이라 했다. 어렵다고 생각되는 사람은 가학산 자연휴양림에서 전망대까지 두 시간 정도 소요되는 코스를 택하라고 했다. 나는 두 시간은 너무 약하다고 판단했다.

별뫼산을 오르는데 처음부터 예사롭지 않은 길들이 내 앞에 펼쳐져 나를 당황하게 했다. 그러나 밧줄을 힘껏 부여잡고 오르는 험한 바위등 위에 곱게 부서지는 아침햇살이 융단이불같이 포근하게 느껴졌다. 산을 오르는 일행들이 형형색색으로 차려입은 등산복에도 아침햇살은 어김없이 파고들었다.

얼마 아니 오르니 관자놀이에서 어렵다는 신호를 보내왔다. 이제 산행시작 30분도 안 되었는데 말이다. 인솔자에게 물으니 이제 이렇게 어려운 코스는 없다 했다. 그 말을 믿었다. 아뿔사, 그게 아니었다. 별뫼산을 거쳐 가학산, 흑석산을 오르는데 만만한 곳은 없었다. 스틱이 필요 없었다. 오히려 방해가 되었다. 몸을 최대한 낮추어야 오를 수 있는 곳들이 많았다. 이건 산행길이 아니라 산악훈련용 길이었다. 밧줄을 잡고 기어오르고 오르면 또 난코스가 기다리고 있었다. 중간에 되돌아갈 수는 정말 없었다.

내가 직접 일궈온 산책길이라면 자연 풍광이 아주 좋으면서도 경사 2~30도 정도의 평탄한 길이다. 그런 길이 그리 많겠는가? 수없이 많은 돌멩이들이 땅속에 묻힌 불모의 황무지에서 온갖 꽃들이 화려하게 핀 낙원으로 변모한 길을 바라보며, "인간은 집을 짓고 조물주는 정원을 만든다."는 말을 되새겼다. 그리고 대자연의 섭리 속에서 겸손해질 수밖에 없음을 고백한다.

누구에게나 '자신이 만든 산책길'이 있다. 이제 시작된 길도 있고, 제법 완성된 길도 있다. 그 길을 걸으면서 보람도 느끼고 새로운 에너지도 얻는다. 그러나 잘 살펴보면 그 길이 나 혼자 만들어낸 길이 아님을 알게 된다. 다른 사람의 힘, 하늘의 도움이 있었기에 가능한 것이다. 나도 오늘 내가 일군(?) 등산로를 걸으며 겸손을 배우기로 했다.

삶이 무거워 다리가 후들거리면서 영혼이 쉬고 싶다 신호를 보내오면 산행하라 했다. 분주하고 복잡한 일상을 접어놓고 홀가분한 마음으로, 짐은 가볍게 마음은 편하게 훌쩍 산으로 떠나라고 했다. 등 뒤에 입력된 수많은 전화번호와 약속시간 같은 것은 다 던져버리고 맨몸으로 떠나라고 했다. 이런 마음으로 오르리라 마음 먹었다.

사람이 그리울 때까지 삶의 짜증과 피로의 찌꺼기가 다 사라지도록 살아 숨 쉬는 자연에 몸과 마음을 던져버리리라 생각했다. 이런 마음으로 오르는 것이 오늘 같은 산행에서는 도움이 될 것만 같았다. 그러다 보면 질펀한 일상이 그리워지리라. 더 많은 감사의 찬사가 터지리라. 삶의 고통을 즐길 수 있으리라. 산행은 때때로 나에게 주어진 축복을 확인하는 일이라 생각했다.

더 멋시게 돌아오기 위해 산행은 보람과 후회를 한꺼번에 가져다 주기도 하지만 삶의 폭을 넓혀주고 인생의 가치를 더 높여주는 일임에 틀림없다는 생각을 했다.

내가 사는 세상도 다양한 사람들이 살고 있기 때문에 아름다운 것이다. 들쑥날쑥한 돌멩이가 있기 때문에 시냇물이 아름다운 소리를 내듯 내 인생도 그래서 아름다운 소리를 낸다. 그걸 쉽게 깨우치는 사람은 행복한 사람이다. 우거진 숲이 이름다운 것은 그 숲속에 각기 다른 꽃과 새와 같은 동물들이 살아가기 때문이다. 이런 생각을 하며 오르니 어려움이 반감된다.

곱고 성숙한 인격은 고난이라는 돌멩이와 함께해 온 사람에게만 주어지는 선물이다. 인생에 숨겨진 돌멩이들을 바르게 보는 아름다운 삶을 발견하는 기쁨으로 나는 산을 넘었다.

흑석산 정상에 올라 막사바람을 맞으며 긍정적인 사고로 변하여진 내 모습이 다른 사람에게 희망을 줄 수도 있다는 것을 깨달았다. 나는 가족에게, 이웃에게 에너지가 되는 말을 하고 있는지 생각해 보았다. 인생에는 왕복표가 발행되지 않는다는 생각도 했다. 누구든 한번 출발하면 다시는 돌아올 수 없다. 그러므로 순간순간 최선을 다해 살아가지 않으면 안 된다. 한 번밖에 없는 나의 인생, 지금부터라도 좀 더 소중히 살아야겠다는 생각을 했다.

고난의 길을 걸으며 나는 참말로 아름다운 사람이고 싶다는 생각을 했다. 누구나 가슴에 남모르는 불빛 하나씩을 안고 살아가고 있다. 그 불씨로 말미암아 언제나 밝은 얼굴로 살아가는 사람이 된다. 그뿐인가? 사람들은 가슴에 남모르는 어둠을 한 자락 깔고 살아가고 있기도 하다. 그 어둠이 언제 걷힐지는 아무도 모른다.

그러나 나는 그 어둠 때문에 괴로워하다가 결국은 그 어둠을 통해 빛을 발견하는 사람이 된다는 확신을 갖게 되었다. 쉬운 길만을 걸어가면서 언제 그런 호사를 누릴 것인가? 이런 고통의 시간을 견뎌낸 사람에게만 그런 영광은 주어진다.

사람들은 가슴에 남모르는 희망의 씨 하나씩 묻어놓고 살아가고 있다. 그 희망이 언제 싹틀지 아무도 모른다. 그러나 그는 희망의 싹이 트기를 기다리다가 아름다운 삶의 열매를 맺는 사람이 된다. 어려움의 과정을 겪고 나서 말이다.

우리의 삶엔 예방접종이 필요하다. 칠십을 눈앞에 두고 맞는 예방접종은 본 시험을 치르기 전에 치르는 삶의 후반부를 위한 예비시험 같은 것이 아닐까 하는 생각을 해본다.

인생이라는 차는 고속도로만을 달릴 수는 없다. 때론 비포장도로, 도로가 없는 곳도 달려야 한다. 예방주사가 목숨을 앗아갈 질병을 예방하는 것이 아니라 그 질병을 이길 수 있는 저항력을 키워주는 것처럼 우리의 삶에서 어려움을 피할 수 있는 법칙을 얻는 것이 아니라 그 어려움들을 이겨낼 수 있는 자생력을 키우는 것이 얼마나 필요한 일인지를 나는 오늘 5~60도의 급경사 길을 오르내리면서 얻어내는 호사를 누렸다. 며칠 간은 오늘 무리한 산행으로 인한 후유증이 나를 괴롭히겠지만 극복해낼 수 있을 것이다.

무릎 관절이 제 기능을 다하지 못할 것 같은 그런 고통의 순간을 이겨낸 후에 찾아올 환희를 생각하며 귀로에 나를 집까지 실어다 줄 버스에 몸을 실었다. 큰 깨달음을 준 해남의 3대 명산에 감사해야겠다.

제2부

작게 생각하라

위로에 중독되지 마라

내 앞을 가로막는 장애물과 열등감을 극복하는 방법을 생각해본다. 남들의 위로를 자주 받는다는 것은 좋은 일은 아니다.

남들의 위로를 받으며 주저앉아 있는 대신 정면 돌파라는 방법으로 장애물을 극복해가는 적극성이 필요하다. 내 단점을 매력으로 승화시키는 것이다.

사람들은 흔히 성공하기 위해 줄을 잘 서야 한다고 믿는다. 그러나 그 성공이 누구를 위한 것인지 묻고 싶다. 성공은 결국 나를 위한 것이다. 성공은 결과보다 그것을 이루는 과정에서 가치를 찾아야 하는데 흔히들 그렇게 생각하지 않는다. 남의 줄에 선다는 것은 과정 없는 결과만 원하는 것이다. 속이 텅 빈 강정과 같은 것을 추구하는 것이다.

집밖으로 나오면 무엇이든 호락호락하지 않다. 내가 원하는 일만 할 수가 있는 여건이 되지 않는다. 고민은 하고 싶은 일을 하면서 해결할 수 있으면 좋다. 회사를 그만 두고 싶다면 원하는 문을 열 때까지 절대 그만 두어서는 안 된다. 기회의 문은 문과 문으로 연결되어 있다. 다른 곳으로 완전하게 연결된 뒤에 그만 두어도 늦지 않은데 성급한 사람들은 그걸 기다리지 않고 실행에 옮긴다.

매 경기마다 매 상황마다 모두가 조건은 똑같지 않다. 그러하기에 어떻게 받아들이는가에 따라 인생의 승률은 달라진다. 포기하고 싶을 때도 맨 마지막에 포기하자. 선불리 포기하지 말자.

아무리 불가능한 일도 결국은 사람이 하는 것이다. 그래서 모든 문제는 사람과 사람 사이의 관계에서 생기고 답도 그 관계 속에서 찾아내야 한다. 공식이 쉬우려면 관계의 동선이 짧아야 한다.

내가 해야 하는 모든 일에 열정을 쏟기는 어렵다. 그렇지만 하고 싶은 일에는 100% 열정을 쏟아낼 수 있다. 열정을 쏟아내는 것도 습관이 된다. 최선을 다할 때 내가 해낼 수 있는 일이 무엇인지 스스로 터득할 수 있는 좋은 기회가 되는 것이다.

앞길을 개척해 나가면서 징징거리지 말았으면 좋겠다. "내 인생의 경기는 이미 시작되었는데 슬럼프가 왔다고 평생 위로만 듣고 있을 셈인가?" 인생의 경기는 이미 시작되었다. 투덜거림, 변명, 위로가 내 무능력과 게으름을 대변하게 된다는 사실을 잊지 말 일이다.

도전이란, 사춘기와 청춘 시절에 겪었던 아픔과 열등감을 치유하는 치료제다. 아니 그 이후 시절에도 역시 마찬가지다. 어느 시기든 남들의 위로를 받으며 주저앉아 있는 대신 정면 돌파라는 방법으로 장애물을 극복해가는 적극성이 필요하다. 위로도 계속 받다 보면 습관이 된다.

내가 감히 주장한다. '위로에 중독되지 마라!'고. 위로는 나를 제자리에 머물게 할 뿐이다. 아니 후퇴시킬 뿐이다. '당장 더 많은 훈련으로 한계를 극복해 다시 도전하라!'고 말하고 싶다.

그것이 내 앞을 가로막는 장애물과 열등감을 극복하는 해결책이다. 불평과 불만은 내 인생에 아무런 도움이 되지 않는다. 주어진 환경과 자별에 불평하며 주저앉는 대신 매번 내 사고를 전환해 그것을 극복해 나가자.

'난관에 부딪쳤을 때 다 끝난 것처럼 주저앉으면 그것이 내 인생 마지막이 되는 것이고, 다시 일어나 뛰면 내가 주인공이 되는 것이다.' 살아서 움직이는 것은 새롭다. 새로워지려면 낡은 틀 속에서 과감히 벗어날 수 있어야 한다. 어느 곳이건 편한 안주는 곰팡이와 녹을 불러온다. 방향을 바꿔 생각해 보는 것, 입장을 바꿔 생각해보는 것도 자신의 인격을 키우는 좋은 방법 중의 하나이다.

내가 가지는 자신감의 보약은 내 스스로가 스스로에게 보내는 칭찬이다. 도전의 과정에 최선을 다한 나에게 결과가 다른 부산물이 나왔다고 회초리를 칠 필요는 없다. 내 인생은 하루살이도 아니고, 아직도 하고 싶은 일과 해야 할 일들이 내 인생의 창고에 가득 쌓여 있다. 지금까지 내가 겪으며 일궈낸 성공과 실패에 술잔을 기울이고 눈물을 흘렸다면 나는 아직도 아마추어다.

위대한 재능

인간의 능력은 천차만별이다. 말 잘 하는 사람, 그림 잘 그리는 사람, 악기 연주 잘 하는 사람, 글 잘 쓰는 사람…. 어떤 분야에서든 두각을 나타내는 사람을 보면 먼저 부럽다는 생각이 든다.

그걸 재능이라 하던가. 천부적 소질을 타고 나는 사람도 있다. 그러나 반드시 그런 것만은 아니다. 노력과 훈련과 연습에 의하여 어느 경지까지는 올라갈 수 있다. 피겨스케이팅의 김연아 선수는 2분 동안의 경연을 위해 1년을 연습한다. 리듬체조의 손연재 선수도 몇 분 경연을 위해서 1년을 연습한다. 매미는 여름 한철을 아름답게 노래하기 위하여 무려 십여 년이라는 세월을 애벌레로 땅속에서 죽은 듯이 지낸다. 꿀벌은 1g의 꿀을 얻는데 무려 200여 곳을 들른다.

천재가 어디 그리 흔한가. 99%의 노력 앞에서 1%의 재능은 맥을

못 추게 되어 있다. 회사 입사를 앞둔 사람에게는 면접이라는 과정이 기다린다. 그들은 그 자리에서 인성, 태도, 의사전달 능력 등을 평가 받는다. 나는 최근 그런 사람들과 대화를 나누는 자리에 같이 있었다. 능력이 천차만별이었다. 차이가 확연히 드러났다. 여러 가지를 느꼈다.

내 인생과 비교도 해보았다. 주어진 질문에 막힘이 없이 물 흐르듯 자연스런 대답이 이어졌다. 자신감이 있었다. 신념과 소신이 있었다. 면접관을 사로잡는 기술이 있었다. 눈이 살아있었다. 그러나 모두가 그렇지는 않았다. 정곡을 찌르는 답변에서 벗어나는 사람도 더러 있었다.

면접을 끝내고 이런저런 생각에 잠겼다. 천재란 없다. 남보다 10배 노력하면 일류가 되고, 그보다 10배 더 노력하면 최고가 되는 것이다. 자신과의 싸움에서 이기는 것이 정상을 정복하는 일이다. 미지의 세계가 없으면 뻗어나갈 생도 없다. 견디어내는 인생이 아름답다. 게으른 일꾼 밭고랑만 센다. 그래 가지고서야 어찌 성공할 수 있단 말인가? 이런 생각들이 내 뇌리를 스쳐 지나간다.

어려운 환경이지만 그걸 이겨내면서 노력하다 보면 좋은 결실이 기다린다. 늘 느끼는 것이지만 어떤 사람은 말도 재미있게 한다. 철가방 나르는 일을 하고 있지만 '요식업계에 취직했다.' 하고, 신문배달을 하면서도 '언론사에 취직했다.'고 한다. 초등학교 학력이 전부인 사람이 월반해서 대학까지 나왔다고 한다. 자세히 들어보니 군대를 해병대로 갔다 왔다는 것이다. 얼마나 듣기에 좋았던지. 하루 종일 기분이 좋았다. 이렇게 긍정적인 사고를 하면서 즐겁게 인생을 살아가는 사람한테는 이 세상 끝낼 때 후회는 적은 봉지 하나면 족하리라. 그런 인생에게는 경사진 세월이 칩거해 있을 수가 없으리라.

일 년 중 씨앗을 뿌릴 수 있는 시기는 7일 이내다. 그 시기를 놓치면 한 해 농사를 망친다. 알찬 수확을 거둘 수가 없다. 멋진 인생, 신나는 인생을 살기 위해선 청소년 시절부터 뼈를 깎는 아픔을 감수해야 한다. 사과나무 밑에 벌러덩 누워 입을 벌리고 사과가 떨어지기를 기다리는 우를 범하지 말 일이다. 낙후된 나라일수록 새벽이 없다. 새벽활동이 없다. 길을 닦지 않는 자에게 성공의 길은 없다. 길을 닦지 않고 어찌 로마로 통하기를 바라겠는가.

출발 선상에 섰을 때는 누구나 차이가 없다. 결승선 가까이에 도착해선 차이가 난다. 충분한 훈련과 연습이 뒤따른 결과가 그렇게 나타나는 것이다.

짐이라 생각하고 짊어지면 어깨가 늘어진다. 그러나 아무리 무거운 물건이라도 낙이라 생각하면 몸이 가볍다.

꿈이란 잡는 것이 아니라 간직하는 것이 아니겠는가. 행복이란 누리는 것이 아니라 가꾸는 것이라는 결론에 다다른다.

명의가 병을 잘 고치는 것은 만병통치약이 있어서가 아니다. 기존의 약과 처방들을 증상에 맞게 다시 처방할 수 있는 경륜과 전문성을 갖췄기 때문이다. 새들은 날개가 있어서 날 수 있는 것이 아니고 간절히 날기를 원하기 때문에 날 수 있는 것이다.

장터의 시계는 오늘도 바쁘게 돌아간다. 찬란한 미래를 위해 준비하라는 조용한 채찍이다. 가까이 살고 있는 사람들에게 주는 일종의 메시지다. 그렇지만 우매한 인간은 그 충고를 제대로 받아들이지 못한다. 심각성을 인지하지 못하는 것이다.

충전을 시키지 아니하고 힘 빠진 건전지만 나무라면 무슨 소용인가? 배가 고프면 음식을 섭취해야 하고, 엔진이 멈춰 서기 전에 급유를 해야 한다.

세상에 연습과 훈련만큼 위대한 재능은 없다.

내일의 성공은 오늘 어떤 준비를 하느냐에 달려 있는 것이다.

작게 생각하라

큰 것이 반드시 좋은가? 큰 생각이 반드시 바른가?

만족감을 느끼는 삶을 살기 원한다면 작게 생각하라고 주문하고 싶다. 단순한 일상의 기쁨을 보고 그 소소함의 풍미를 느끼는 법을 배우는 삶이 좋다. '인생의 현자'들은 인생이 짧다고 생각했기 때문에 순간의 소소한 기쁨들에 익숙해지게 되었다. 반면 젊은 사람들은 그 소소한 기쁨들을 박탈당하고 나서야 그것들이 소중했음을 깨닫는다. 헷갈리는 일이지만 판단은 자신에게 있다.

아침에 마시는 커피 한 잔, 겨울밤 포근한 잠 자리, 잔디 위에서 먹이를 쪼고 있는 어여쁜 새들, 친구로부터 날아든 생각지도 않았던 편지 한 통, 라디오에서 흘러나오는 좋아하는 노래 등을 생각해 보라. 이러한 '지극히 소소한' 것들에 더욱 관심을 갖다 보면 일상이 소소한 기쁨들로 가득하게 되고 더욱 행복할 수 있게 된다. 젊은 사람들도 소소한 것들에 관심을 갖다 보면 이러한 기쁨을 누릴 수 있다고 생각한다. 그리고 이렇게 작은 기쁨들에 몰두하는 것은 나이를 불문하고 가치 있는 일이라고 강조하고 싶다.

우리는 행복의 기준을 어디에 두고 사는가? 남보다 많고 큰 것을 차지하는데 두려고 한다. 수십 억짜리 저택에 수 억짜리 자동차를 굴려야 직성이 풀린다고 생각한다. 행복이란 주관적인 것이다. 적거나 작은 것을 가지고도 고마워하고 만족하는 사람들이 얼마나 많은가?

조촐한 삶과 드높은 영혼을 지니고 살 줄 안다면 어떤 상황 아래서도 나는 행복해질 수 있다. 실패가 없으면 눈이 열리지 않는다. 에디슨이 전구를 발명해낼 때까지 2천여 회의 실패를 거듭했다고 하지 않는가? 되새겨 볼 일이다. 부드러움이, 계속 노력함이 단단함을 이긴다.

부자의 기쁨은 긁어모으는 재미보다는 없는 사람들에게 돌려주는 갸륵한 마음에 두어야 하지 않을까. 산다는 것은 끊임없이 자기 자신을 창조하는 일이겠다. 이 창조의 노력이 멈출 때 질병과 늙음과 죽음이 찾아온다.

큰 내는 작은 내들이 모여 이루어진다. 큰 내들이 모여 강이 되는 이치와 같다. 허무맹랑한 일이 하루아침에 벌어지기를 원하는 것처럼 어리석은 행동은 없다. 왜 그리 큰 것을, 엄청난 것을 원하는가?

가난하고 배고픈 데서 도심(道心)이 우러나듯이 풍족하게 배부르면 번뇌와 망상만이 들끓게 된다. 어느 정도의 고통을 참고 견디는 인내가 나에게 기쁨을 준다.

100m 출발선에 서기 위해서는 수십, 수백 번 연습과 훈련이 필요하다. 그러한 과정 없이 덜컥 경기에 임했다가 겪게 되는 불상사는 어떻게 수습할 것인가? 후회 없는 전진은 작은 것부터 시작할 일이다. 후회가 많으면 많을수록 남겨지는 허탈은 그에 비례하여 커지는 것이다.

욕구를 채우는 삶이 아니라 의미를 채우는 삶을 살고 싶다.

시간은 삶의 본질이다

노인들은 삶이 짧은 것처럼 말한다. 그들이 그렇게 말하는 것은 실제로 남아 있는 삶이 짧기 때문이다. 중요한 것은 인생이 짧다는 사실에 낙담할 것이 아니라 짧은 인생에 맞게 사는 것이다. 해야 할 중요한 일이 있다면 지금 하는 것이 좋다. 인생이 정말 눈 깜짝할 사이에 지나갔노라고 말하는 '인생의 현자'들이 많았다. 한 현자는 이렇게 말했다. '인생이 짧다는 사실을 60대가 아닌 30대에 알았더라면!' 하고 말이다.

유수와 같이 흐르는 세월이다. 눈 깜짝할 사이에 일주일이 가고, 한 달이 가고, 일 년이 간다. 이렇게 빨리 흐를 수 없다. '60-60, 70-70, 80-80'이란 말은 허구가 아닌 사실이다. 육십대는 육십km로 달리고, 칠십대는 칠십km로 달리며, 팔십대는 팔십km로 달린다는 말이다. 젊었을 적에는 그런 걸 느끼지 못하고 살았다. 그런 걸 느끼면서 생활할 시간적 여유도 없었다. 앞만 보고 달렸다. 좌우를 살펴볼 겨를도 없었다.

그렇다고 유한한 인생이라 생각해 본 적도 없다. 하루하루가 즐거웠다. 지금 시간도 즐겁다. 짧은 인생, 어떻게 살아갈까가 중요하다. 해야 할 일들이 많이 남아 있다. 그 일을 하는데 조각 시간을 활용한다. 보람은 무계획의 호수에서 낚는 것이 아니다. 계획의 호수에서 낚는 것이다. 요행으로 낚는 보람은 견고하지 못하다.

허구한 날 비슷비슷하게 되풀이되는 생활 속에서 개인의 빛깔은 비래가고 있나. 새로운 삶을 위해서는 생나무 가지를 찢는 아픔쯤은 참고 견뎌내는 지혜를 발휘해야 할 것이란 생각이다.

더위와 추위를 원망하는 사람들을 종종 본다. 무더운 여름이 있기에 선들바람이 불어오는 가을이 빛을 발하는 것이고, 그런 바람이 있기에 이삭이 여물고 과일에 단맛이 든다. 추운 겨울이 없다면 생동하는 봄도 만끽할 수 없는 것이다. 순리대로 받아들일 일이다.

인생에 성공한 사람들은 남들과 같이 하루 24시간을 살면서 자투리 시간을 유용하게 사용한 사람들이다. 삶의 본질인 시간을 적절히 활용한 사람들이다. 인간의 머리로써 해결할 수 없는 일들을 시간은 해결해 주었다.

내 인생은 아직도 많이 남아 있다. 어떤 계획과 실천으로 보람을 낚을 것인가를 생각하는 오늘이 되었으면 하고 기원해 본다.

서설을 위한 기도

영하 3도가 예고된 주말 아침에 눈이 내립니다.

함박눈이 내리는 산자락에 해가 삐죽이 얼굴을 내밉니다.

오랜만에 어머니의 포근한 가슴을 느껴보는 어린애가 되어 봅니다.

봄을 재촉하는 서설이길 소망하며 산길을 걸었지요.

산책은 두뇌의 노화를 늦춘다 했던가요.

2월의 끝자락 눈 내리는 산길에는 알 수 없는 아쉬움들이 쏟아져 내리고 있었습니다.

오늘은 내리는 하얀 눈과 동행하리라 마음을 정하고 일행들을 멀리 앞세워 보내고 천천히 혼자 걸었습니다.

느긋하고 홀가분한 산책이었지요. 나목의 가지 사이로 보이는 하늘도 올려다보고, 눈옷을 차려 입은 고목들의 모습을 마음속에 그려 보는데 아름드리 나무기둥 앞에 하얀 눈을 뒤집어 쓴 도인(道人) 한 분이 기도하는 자세로 서 계십니다.

나도 도인 앞에 서서 내리는 눈이 서설이길 소망하며 합장했답니다.

'처처불상(處處佛像) 사사불공(事事佛供).'이라 했던가.

산길에서 불상을 만남도, 고목 앞에 서서 소망을 빌어봄을 어찌 허물이라 하리오.

산행을 끝내고 찻집에 들러 한방차 한 잔 마시고 있는데 정장 차림의 한 여인이 우산을 접으며 들어오다가 눈 내리는 하늘을 바라봅니다.

하얀 눈 내리는 하늘을 치어다보는 고운 모습이 서설을 위한 기도하는 모습 같아서 창밖의 검은 정장의 여인을 몰래 담아 보았습니다.

산자락 이곳 저곳에 작은 소망들이 눈으로 내려오고 있었습니다.

이런 여인이라면

세상의 아름다움이란 아름다움은 모두 갖추고 있는 여인! 세상 남자들의 눈을 휘둥그렇게 만들 수 있는 절세미인! 그 여인이 있는 곳이면 언제 어디서나 맑은 공기와 시원한 바람, 밝고 따뜻한 햇살과 천연의 생수와 강물, 사랑스럽게 지저귀는 새들의 노래가 있다. 그런 곳에서 사는 여인의 몸에서는 말로 표현하기 어려울 정도의 고상한 체취가 발산된다.

나는 일년이면 사분의 삼 정도를 이런 여인들과 같이 지낸다. 내가 이런 여인들을 만나러 집을 나서기도 하고, 이 여인들이 나하고 같이 지내자고 내 집으로 찾아오기도 한다.

이런 여인들이 온다는 소식을 듣고 어찌 방안에만 갇혀 있으랴. 온갖 생명을 가져오는 이런 계절 때문에 사람들은 설레는 마음으로 살고 있다.

하늘에서 밀어주는 꽃바람 때문에 그냥은 잠들 수가 없다. 그 신비한 모습을 어이 놓치랴. 자연 속에 파묻혀 아름다운 꿈을 꾸고 싶다. 그 여인들을 품에 안고 꿈을 꾸고 싶다. 하루 수십 번 공중누각을 짓는 꿈속에서라도 함께 하고 싶다.

천연 미인의 온몸에서 뿌려지는 향수는 내 청각에 시원한 리듬을 제공한다. 몸놀림이 날렵한 이름 모를 이웃들이 그녀 주위에 모여드는 건 당연한 것이다.

그 여인은 자신을 나타내려 하지 않고, 우쭐대려 하지도 않는다. 자기다움에 만족할 줄 알고, 자기다움에 기뻐할 줄 안다. 퍼내도 퍼내도 샘솟듯 솟아나는 지혜가 있기에 아무나 가지지 못하는 인격을 구비하고 있다. 그것으로 나를 사로잡는다. 텅 비워 둔 곳간이 있기에 새것을 받아들일 수 있고, 자기 생명의 우물을 고이게 할 수도 있다.

문명의 발톱이 할퀴지 않은 곳 여기저기에서 자신의 아름다움을 발산하려 애쓰는 여인이 햇살을 받으니 더욱 예뻐 보인다. 바람으로 소리로 꿈으로 희망으로 더 예뻐 보인다. 그래서 노래가 절로 나온다. 그 여인 앞에만 서면 누구나 흥얼거리게 된다. 노래와 미인과 나와 3박자가 잘 맞아 돌아간다. 이런 노래를 듣고 새로운 생명이 꿈틀한다. 여인의 눈매도 콧날도 입술도 볼도 고와진다.

그것뿐이랴. 행동거지에서도 향기가 난다. 그 향기를 맡으러 원근을 불문하고 이성 친구들이 찾아온다. 맘에 맞으면 하룻밤에 만리장성을 쌓는 역사도 창조된다. 그리워하면서도 만날 수 없으면 삶에 그늘이 생긴다.

이 여인은 무엇을 걸치더라도 예쁘다. 화려하다. 내면적 성숙의 과정이 그런 결과를 초래하는 것이리라. 빈 깡통은 요란한 법이다. 내적 충실을 기한 깡통은 둔탁한 소리만 낼 뿐이다.

아름다움을 발산하는 여인과 함께 하는 시간, 내 정신도 맑아지면서 성장한다. 오십이면 자신의 얼굴에 책임을 질 줄 알아야 한다 했던가. 이 여인과 함께만 있으면 나도 그 여인을 닮아가는 것 같다.

한참을 들여다보고 있으면 눈가에 이슬이 맺힌다. 오래도록 함께 하고 싶은, 절대로 보내고 싶지 않은 행복의 눈물이다.

가까이 두고도 그립기만 한 그대가 내 곁에 있다는 것만으로도 나는 행복한 사람이다.

그 여인은 바로 나의 우주다.

백년을 건강하게

몸의 근육과 관절을 늘 쓰지 않으면 굳고 작동이 멈춰 병이 생긴다. 머리는 쓰지 않으면 뇌연화증에 걸리고 치매에 걸린다.

배움을 멈출 때 우리의 뇌세포는 줄어들기 시작하고, 꿈과 비전을 버릴 때 인간은 시들고 늙기 시작한다.

백년을 건강하게 지내기 위해서는 움직여야 한다. 손을 움직이고, 발을 움직이고, 머리를 움직여야 한다. 그러기 위해 손뜨개질을 하고, 바둑을 두고, 마작을 한다(취미로 부부가). 손을 많이 움직여 뇌를 활성화시키고, 오감을 자극하는 적절한 운동을 하여 유연한 근육과 관절을 유지한다. 거기에 읽고, 쓰고, 말하기 위해 메모하기의 습관화도 빼놓을 수 없는 건강비법 중의 하나다.

밝은 햇살을 온몸에 받으며 상쾌한 공기를 맘껏 마시니 고관대작도 부럽지 않다. 양팔을 힘차게 흔들며 앞으로 앞으로 걸어갈 수 있음은 유쾌한 일이며, 건강을 지키는 첩경이다. 그래서 나이든 사람들이 요일에 관계없이 산을 찾고 있는 것은 아닌지 생각해 본다. 하늘의 부름을 받는 그날까지 건강하게 살기 위해서.

이런 것들과 등 돌린 생활은 나이를 먹어 가면 갈수록 폭삭 낡은 육신만이 친구하자 덤벼 괴롭힌다.

수목은 나이테가 많아질수록 늠름하고 기품이 있지만, 사람은 살 만큼 살면 헌 수레와 같이 삐그덕 삐그덕 고장이 많고 주책을 떨어 주위의 눈총을 받는다. 살 만큼 살았으면 미련을 두지 말라는 경고가 아닐까 생각해 본다.

눈이 어두워지고 귀가 멀어지는 것도 지금까지 살면서 볼 것 다 봤고, 들을 것 다 들었으니 이제 좀 쉬라는 경고가 아닐까.

그렇다고 이대로 주저앉아 멍하니 세월 죽이기만 하고 있어야 하는가. 늙기보다 쉬운 것이 없는데 좀 아름답게 늙는 방법은 없을까. 건강하고 즐거우면 그만이지만 좀 더 발전적이고 진취적이면 좋지 않을까.

내게 남아 있는 시간은 여가가 아니고 금쪽같은 생명과 같은 것이다. 그래서 미래는 예고가 아니고, 휴식이 아니고, 도전이고 창조여야 한다는 말이 설득력을 얻는다. 오래 사느냐보다 자기 몫의 삶을 어떻게 마무리할까에 신경 쓸 일이다.

무엇이라도 배워 보자. 배우는 동안 우리들의 지능은 발전한다. 새로운 것에 대한 탐구, 모르는 미지의 세계에 대한 여행과 탐험은 육신을 긴장하게 하고 항상 깨어있게 하여 열정적으로 살게 한다.

컴퓨터가 좋고 독서와 창작이 좋다. 아니면, 취미를 찾고 하고 싶은 것 배우면 된다. 결심이 있고, 의욕이 있다면 배움의 길은 여기 저기 얼마든지 열려 있다.

배우겠다는 필요는 목표를 낳고, 이루려는 목표는 노력을 낳고, 땀 흘리는 노력은 창조를 낳고, 창조는 인생을 아름답게 한다.

무언가 아름답고 고운 것 만들고 이루어 가려는 마음, 땀 흘려 노력하고 도전하는 것이, 나 같은 은퇴자들의 삶의 본 자세여야 하지 않을까.

배움과 창조에의 도전, 배우고 도전하는 것보다 아름다운 인생은 없다. 그리고 음식을 입으로만 먹지 않고 눈으로도 먹을 줄 아는 지혜까지 갖출 수 있다면 금상첨화겠다. 땅에서 멀어질수록 병원과의 거리는 가까워진다.

이제 얼마 남지 않은 백년을 건강하게 장식했으면 좋겠다.

큰 스승으로 모시기

몇 평 안 되는 땅에서 자라고 있는 작물들을 바라본다. 덕지덕지 잎을 달고 꽃을 피우며 자라고 있다. 고추를 이식한 지 얼마 안 되어 육척이나 되게 컸다. 꽃을 피우면 반드시 열매가 맺힌다. 자기종족 번식 본능이라 말해야 하는가. 튼실한 열매를 위해서는 밑 부분의 잔가지를 쳐주는 용단이 필요하다. 그렇지 않으면 그들도 가지를 벋어 수많은 꽃을 피운다. 꽃의 수효대로 고추가 열리는데 그렇게 되면 크고 튼실한 열매가 적다. 각선미를 자랑하도록 밑부분을 가지런하게 쳐주면 윗부분에서 맺게 되는 열매는 바라는 대로 굵고 튼실하다.

밭 주위에 감나무가 있다. 감꽃이 필 즈음이면 그 수효가 셀 수 없을 정도다. 그런데 그 꽃들을 모두 키우는 게 아니다. 스스로 솎아 낸다. 크고 굵고 충실한 열매를 생산하기 위한 자기 희생이다. 꽃만 떨어뜨리는 게 아니다. 땡감도 스스로 버리는 아픔을 감내한다. 그리하여 남은 감들은 가을까지 햇볕에 익히며 튼실하게 키워낸다.

그런 감나무를 보면서 나 자신은 떨쳐버릴 것이 없는지 되돌아보게 된다. 감나무에 견주어 볼 때 나는 건강하지도 지혜롭지도 못한 것 같다는 생각을 지우지 못한다. 우리 인간 역시 그런 것 같다. 그저 많은 것을 차지하려고만 하고, 서로 미워하고 시기하면서 어떤 때는 폭력까지 행사하는 것을 서슴지 않는다. 한 치 앞도 내다보지 못하면서 꽉 막혀 있는 어리석은 모습을 본다.

빈손으로 왔다가 빈손으로 가는 게 인생이다. 세계의 갑부들을 떠올려 본다. 미국의 워렌 버핏은 순자산이 약 62조원, 빌 게이츠는 약 58조원, 영국의 라크스미 미탈도 약 45조원이란 천문학적 숫자의 부를 누리고 있다. 그들이 이 세상을 하직할 때를 생각해 본다.

영국의 극작가 버나드쇼의 묘비명은 '우물쭈물하다가 내 이럴 줄 알았다.', 프랑스의 소설가 스탕달은 '살았다 썼다 사랑했다.', 우리나라의 천상병 시인은 '나 하늘나라로 돌아가리라 아름다운 이 세상 소풍 끝나는 날 가서 아름다웠다고 말하리라.'라고 적어놓고 있다. 딱 맞는 말이다.

많은 부와 명예를 누리고 있는 사람한테서 느끼기 어려운 인간미를 가난하지만 맑고 건전한 정신을 갖고 있는 사람에게서 느끼곤 만족의 미소를 짓는다. 많이 갖고 있는 사람도 베푸는 데 인색하지 않다고 생각하지만 덜 가지고 있으면서도 이웃을 배려하면서 돕는 갸

특한 인간미에 고개를 숙인다.

법정도 '주어진 가난은 악이고 부끄러움일 수 있지만, 선택된 청빈은 결코 악덕이 아니라 미덕이다.'라고 했다.

버리고 비우는 일은 결코 소극적인 삶이 아니라 지혜로운 삶의 선택이란 말이 설득력을 얻는다. 버리지 않고 비우지 않고는 새 것을 받아들일 수 없다.

상록수들을 본다. 그들은 사시사철 푸르다. 자세히 살펴보면 계절이 바뀔 때마다 묵은 잎을 떨구고 새 잎을 펼쳐낸다. 늘 푸르게 보이는 이유는 낙엽수처럼 그 교체를 일시에 하는 것이 아니고 점진적으로 하기 때문이다. 버릴 것을 한꺼번에 버리지 않고 순차적으로 버린다.

지금 내 밭의 고추들도 아랫부분은 굵은 기둥으로 받쳐 주고 윗부분에서 몇 갈래로 갈라져 크고 튼실한 고추를 매달고 있다. 고추뿐이랴. 가지도 오이도 그렇다. 감나무도 역시 그렇다.

그런 연구 끝에 내년에는 더 알찬 결실을 얻어내는 지혜를 발휘하리라. 자연의 리듬은 멈추거나 끝내는 일이 절대로 없다. 스스로를 정화하면서 좀 더 나은 내일을 꿈꾼다.

과한 욕심 부리지 않는 자연에게서 큰 가르침을 받은 오늘, 나는 자연을 큰 스승으로 모시기로 했다.

내 마음의 저수지

저주지 옆을 지나가다 돌멩이 하나를 던져봅니다.

돌이 물에 닿는 시간과 그때 들리는 소리를 통해서 저수지의 깊이와 물의 양을 알 수 있습니다.

내 마음의 깊이는 다른 사람이 나에게 던지는 말을 통해 알 수 있습니다.

그 마음이 깊으면 그 말이 들어오는데 시간이 오래 걸립니다. 그리고 깊은 울림과 여운이 뒤따릅니다.

누군가의 말 한마디에 흥분하고 흔들린다면 아직도 내 마음이 미숙하기 때문이라 생각합니다.

나는 결코 작은 사람이 아니라고 생각했는데 어느 순간 내 작은 마음을 보고 황당해할 때가 있었습니다.

자신을 볼 수 있다는 것만으로도 이미 작은 나를 벗어날 수 있습니다.

확실히 거친 말은 잠시 속을 후련하게 할지는 모르지만 두고두고 속을 훑습니다.

그런 의미에서 내 마음이 감당하지 못할 말은 되도록 삼가는 게 좋겠지요. 아니지요. 묻어버리는 것이 좋겠지요.

마음이 깊고 풍성하면 더 바랄 나위 없이 좋습니다.

마음은 '만음(萬音)'입니다. 만 가지 소리로 가득 찬 마음입니다.

이런 마음의 저수지에는 사람들이 모이고, 갈증이 해소되며, 새 기운을 얻습니다.

어떤 이는 도서관에서 마음에 물을 줍니다. 도서관은 때로는 은은한 모닥불을 만들어 주고, 하늘로 치솟는 화톳불을 만들어 주기도 합니다. 도서관을 좋아하는 사람의 가슴은 따뜻합니다. 그곳에 자주 가는 사람의 손은 항상 따스합니다.

비난이나 경멸의 말의 돌 던짐에 내 물은 어떻게 반응할까요?

마음은 '마음(魔音)'이기도 합니다.

잠시만 방심하면 나타나 탐욕과 부패와 분노 같은 것이 누룩같이 부풀어 올라 부글부글 끓어 내 몸을 상하게 합니다.

내 마음의 저수지는 얼마만큼 깊고 넓을까요?

남들이 천만 번 빠져보고 싶다 느끼는 내 마음의 저수지를 만들기는 요원한 일일까요?

어떤 장미는 붉음으로 화려함을 표시하고, 또 어떤 장미는 순백색으로 청초함을 나타내면서 자신의 속살을 키웁니다. 비록 곁에 가시를 달고 있지만 자신만의 향기를 제 몸 안에 확실하게 담고 있습니다.

원활한 삶의 기본은 소통이란 생각을 해봅니다.

그런 인간관계는 지금까지의 삶을 한 차원 높은 삶으로 인도해 줍니다.

자연이 들려주는 오케스트라

새벽 산행을 하고 있다. 공기가 알싸하다. 한낮에 차도와 인접해 있는 인도를 걸을 때와는 사뭇 다른 느낌이다. 신선한 공기가 내 폐부를 시원하게 자극한다. 발밑에 밟히는 낙엽들의 감촉이 부드럽다. 소나무, 단풍나무, 갈참나무가 쏟아놓는 선물들이 독특한 색조로 나의 발밑에 깔리며 소리를 낸다.

비를 맞아 촉촉해진 낙엽을 밟을 때 내는 소리와 보송보송한 낙엽을 밟을 때 내는 소리가 다르다. 사각사각 음향을 내는 아가 손 같은 붉고 빨간 단풍잎을 밟을 때 내는 소리는 더더욱 좋다. 특히 소나무가 내려 보낸 선물은 양탄자를 밟는 느낌을 선사한다. 그러면서도 낙엽 하나하나가 갖고 있는 존재의 의미를 생각하게 한다.

뭇 새들이 아침 이슬 같은 영롱한 음성으로 부르는 노랫소리가 바람결에 실려 온다. 새의 노래는 잠든 영혼을 깨워준다. 녹슨 가슴에 윤활유를 부어 불을 지핀다.

저 새의 노랫소리는 살아있음을 증명하는 소리요, 자연이 연주하는 고차원의 악기가 내는 소리다. 저 새의 노래가 없는 숲을 생각하면 팍팍하고 삭막해진다. 영롱한 구슬이 또르르 구르는 것 같은 자연의 음악이다. 내 어린 누이가 부르는 동요를 듣는 것 같은 감흥을 자아내게 한다.

내 발길 바로 옆을 흐르는 계곡도 교향곡을 연주한다. 청각이 반긴다. 산 위를 지나는 바람이 나의 정신을 일깨운다. 숲을 스치는 바람소리에 귀가 열린다. 자연의 소리는 사람의 소리에 견줄 때 맑고 신선하다는 것을 다시금 느낀다.

지나는 사람들이 없다면 바지를 내리고 거풍이라도 한 번 해보았으면 하는 욕심이 생긴다. 엊그제까지는 꽃가지를 스쳐오는 바람이었는데 오늘은 좀 여문 바람 같다는 생각이다. 꽉 막혔던 후각이 기름기 자르르 흐르는 바람으로 뻥 뚫리는 기분이다. 가슴에도 훈훈한 물기가 고이는 기분이다.

한참을 내려오니 다람쥐가 반긴다. 도망가지 않는다. 그럴 줄 알았더라면 상수리라도 몇 개 가지고 올 걸 하는 생각이 든다. 몸놀림이 경쾌하다. 눈 깜짝할 사이에 벌써 나무 꼭대기로 이동했다. 한참을 있어보았자 별 소득이 없다는 걸 눈치 챈 모양이다. 나한테 운동은 저처럼 해야 하는 것이라고 말해주는 것 같다. 저 숲속에는 건강한 산토끼와 꿩들도 살고 있을 것이다. 그들은 또 얼마나 아름다운 목청을 갖고 있는지? 그들도 만나보고 싶다.

하씨어림(何氏語林)에서 사언혜(謝言惠)는 혼자 차를 들면서 '내 방을 드나드는 것은 오로지 맑은 바람뿐이요, 나와 마주 앉아 대작하는 이는 밝은 달뿐이다.' 했는데 이해가 간다.

가만히 귀 기울이니 저 멀리 바다에서도 파도 소리로 장단을 맞춰주는 것 같다. 그 바다에서 노닐고 있는 철새 떼의 장관도 보이고 들린다. 수십 만, 수백 만 마리가 펼쳐내는 군무가 보이는 것 같다. 웅장한 자연의 소리는 산과 바다와 호수와 하늘을 구별하지 않고 나의 가슴에 안긴다. 그들이 한데 어울려 일구어내는 오케스트라를 들으며 하루를 시작한다.

나는 오늘 특별한 친구들을 만난 것 같다. 너무나 가까이 지내다 보니 소홀했던 친구를 다시 만난 것 같다. 말로써 의사소통은 할 수 없는 친구들이지만 죽마고우 같다. 이심전심으로 서로의 입장을 이해하는 친구를 만난 것이다. 그들이 들려주는 오케스트라를 듣는 맛이라니.

가식을 모조리 떨쳐버리고 고운 향과 음향을 간직하고 있는 숲을 거닐면서도 나는 나무들의 체온으로 속옷을 적시고 있다. 두 다리의 힘도 부쩍 붙는 것 같고, 내디딤도 경쾌하고 가볍다. 기분이 최상이다. 오늘 하루도 자신을 창조해 내는데 많은 도움을 받을 수 있을 것 같다.

오늘도 언제나처럼 산은 사방마다 청정한 메아리를 토해내고 있다. 청정한 메아리는 결코 거짓말을 하지 않는다. 그 메아리는 정직하다. 성실하다. 그러한 산과 같이 하는 삶속에는 희망이 있고, 비전이 있다. 그런 삶을 창조해내기 위한 부단한 노력이 계속돼야 하리라는 생각이다.

이 계절이 지나면 또 흙을 비집고 올라오는 상사화의 파란 싹을 통해 봄이 들려주는 흥겨운 노랫소리를 들을 것이다. 보도블럭 틈새로 싹을 틔우는 민들레가 숱한 발길에 밟히면서도 꽃을 피우고 씨앗들을 멀리 날려 보내며 들려주는 노랫소리를 들을 것이다.

저쪽 산마루를 바라보니 하늘이 열리는 소리로 떠들썩하다. 볕 좋은 날 아침 태양을 한껏 머금은 싱그러운 빛깔이 더없이 아름답고 평온함을 연출하며 다가올 것이다. 구봉산이 절벽을 세워 수려한 산수병을 꾸민다. 우뚝 선 모습이 마치 병풍 같다. 가로 누운 반석도 그 기개가 자못 웅장하다. 혼삿날을 기다리는 처녀총각의 설렘처럼 환희를 기다리고 있는 자연이 화가로, 음악가로, 조각가로 변신해 있다.

거꾸로 보기

비가 오락가락하는 일요일이다. 태산회원 10여 명이 일회용 우비를 입고 세종시 비학산(飛鶴山)을 오르고 있다. 밤새 침묵의 미덕을 보이던 곳이었는데 지금은 수런수런 살아 움직이고 있다. 좀처럼 변하지 않을 것 같던 신록이 이젠 녹음으로 변해가고 있는 시점이다. 사위는 이슬비 소리에 젖고, 연둣빛 물감으로 칠해져 나와 같은 안구건조증 환자에게는 더 없이 좋은 환경을 만들어 주고 있다. 아카시아 향이 빗속을 뚫고 내 후각까지 단걸음에 달려와 품에 안긴다.

누구에게나 어머니 뱃속에 있을 때 듣던 소리는 귀에 익숙한 고향의 소리처럼 들린다. 어려서 보았던 모습들을 다시 보는 재미도 쏠쏠하다. 추억의 장으로 달려가게 해주는 소리요 모습들이다.

촉촉하게 젖어 있는 대지 위를 이름 모를 새들이 날고 있다. 그 어린 시절에 들었던 그 소리, 그 모습을 그대로 보여주고 있다. 나는 이럴 때 행복을 느낀다. 부끄럼을 좀 타는 아가씨들이 많이 살고 있는 곳이라서 그런지 제대로 보여주지 않으려고 커튼을 치고 있다. 그래도 좋다. 폐부 깊숙이 풍선 몇 개 매달면서 심호흡을 한다. 다리근육과 폐부속 기관들이 서로 흥겨워 춤을 추고 있다.

일출봉 정자에 올라 바라보는 아랫세상은 신비 그 자체다. 이슬비가 오는 관계로 멀리까지 바라볼 수 없는 아쉬움이 있었지만 그 건너 계룡산, 저 건너 우산봉 등을 희미하게나마 짐작하게 해준다는 것만으로도 큰 영광이 아닌가 생각한다.

그러다가 가지랑이 사이로 바라보는 건너 세상은 또 다른 흥취를 불러일으켰다. 완전히 딴 세상이 연출된다. 그곳에는 어린 시절이, 청년시절이 파노라마 되어 펼쳐지고 있다. 완전한 다른 세상이다. 바로 보이는 세상과 거꾸로 보이는 세상을 한 번에 경험할 수 있음은 얼마나 큰 영광인지.

바로 보이고, 거꾸로 보이고, 작게 보이고, 크게 보이고… 그 속에서 나는 새로운 깨달음을 얻는다. 컸던 것이 작아져 보이고, 작아보였던 것이 커 보이는 그 기이한 현실에 그만 넋을 잃는다.

몇 억 불 수익으로 삶의 보람을 느끼는 사람보다 연탄 몇 백 장 들여놓고는 행복해 어쩔 줄 몰라 하는 그러한 삶을 나는 사랑한다. 어렵사리 씨 뿌려 가꾸는 텃밭에서 비 개인 다음날 무성하게 자란 풀을 베다가 풀섶에 가려진 커다란 호박을 발견했을 때 살아가는 기쁨을 누리는 사람을 나는 사랑한다.

얼마 전 감을 따기 위해 감나무 위에 올라 아래를 내려다보았을 때도 나는 새로운 발견을 했다. 지상에서 엄청 크게 보이던 것들이 그렇게 작아 보일 수 없었다. 위험을 무릅쓰고 올라간 감나무 꼭대기에서 바라보는 아래 세상은 내가 지금까지 보아 왔던 그런 세상은 아니었다. 감나무 위에서의 깨달음은 나만이 누리는 행복 중의 행복이다. 사색은 삶의 위대한 예술 중의 하나이다. 묵은 것을 떨쳐 버리지 않고는 새로운 것을 받아들일 수 없다.

내 친구 중에 약속시간을 대체로 안 지키는 사람이 있다. 일찍 온 친구들은 '어, 그 사람 아직 올 시간이 아니야.' 하면서 너그럽게 기다려 주는 반면 개중에는 '허, 그 사람 안 되겠는데.' 하면서 허용하지 못하겠다는 친구도 있긴 하다. 그 친구는 그런 뜻을 알기나 하는지 모르겠다.

이미 딱딱하게 굳어버린 그 생각을 바꿔야 한다. 끝없이 변모하고 새로이 형성되는 사고의 틀을 바꿔야 한다. 세상을 새롭게 보는 안목을 길러야 한다. 오늘 비학산 일출봉에 올라 세상 거꾸로 보기는 나에게 있어 아주 큰 깨달음이다.

고정관념은 고정관념일 뿐 변모할 수 없는 그런 관념은 아니다. 그런 관념을 새롭게 바꾼다는 것은 창조요 발견이요 혁신이 아니겠는가?

버리고 싶은 것

나에게 주어지는 것을 모두 갖고 살 수 있을까? 나에게 주어지는 시련들을 모두 감싸 안고 살 수 있을까? 내가 갖고 싶은 것이 어디 한두 가지인가? 나를 괴롭히는 것들이 어디 한두 가지인가?

이미 나는 갖고 싶은 것에 대하여는 '세 가지 보물'이란 제목으로 상세히 그려본 바 있다. 이 세 가지 보물은 첫째, 남에게 욕할 줄 모르는 성품과 둘째, 절개를 지키는 신념과 셋째는 거절결핍증 환자라고나 할까.

그러면 내가 버려야 할 것 세 가지는 무엇들인가? 찾아내는데 고민이 생긴다. 그렇지만 이런 것들과 동숙하면서 살아갈 수는 없는 것이기에 과감히 찾아 퇴치하기로 한다.

첫째는 내 성품 중에 '한 번 싫어지면 오래도록 싫어하는 버릇'이 있다.

오랜 친분을 유지하던 사람인데 갑자기 나를 이용하려 들었다면 그때부턴 절교 수준으로 대한다. 끊고 맺는 것이 분명한 사람인데 그런 꼴을 그냥 두고 볼 수는 없다. 나는 열심히 자기를 돕고 있는데 그 진의를 모르고, 내가 없는 곳에서 나에게 흠집을 내고, 그것도 모자라 뭉개버리려는 사람을 용서하지 못한다. 그럴 때면 나는 무엇인가로 그를 도와(?)주어야 할까를 고민한다.

오는 말이 고와야 가는 말도 곱다. 시원한 냉수 한 그릇을 대접 받으면 난 팥빙수 한 그릇으로 대접해야 마음이 편하다. 친구나 직장 동료나를 막론하고 나와 관계 있는 사람과의 인연은 소중한 것이다. 그 인연을 악연으로 만들고 싶지 않는 것이 솔직한 내 마음이다.

둘째는 나이 들어가면서 나태를 보이는 것이다.

나이 먹으면서 나태는 당연한 것이라 받아들일 수도 있다. 그러나 거기에 의지와 끈기와 집념이 결여되면 영영 나락의 길로 빠지고 만다. 결연한 의지가 나태를 물리친다. 관습의 틀을 깨야 변화가 아름답게 보인다.

용인동물원에서 보았던 의젓한 수사자처럼 믿음직스러웠다는 말을 듣던 남자가 어느 날 비 맞은 생쥐꼴로 변한 모습에서 무슨 용기가 생기겠는가? 세상에서 가장 나쁜 것은 기회와 희망 없이 살아가는 것이 아니겠는가? '타성'에 길이 들면 자주적인 능력을 잃고 게으름의 늪에 갇힌다.'고 법정이 말했다. 그런 길은 가지 않도록 노력해야겠다.

셋째는 하고 싶었던 일들을 동네 똥개 보듯 그냥 지나쳐 보는 것이다.

건강의 비결은 탑 쌓기와 같이 일관성 있는 끈기와 집념을 보이는 실천이 중요하다. 시간이 걸리더라도 하루하루 규칙적인 생활습관으로 몸에 유연성을 길러야 한다. 그 유연성이 사라지면 하던 일은 물론 더욱 부드럽게 하고 싶었던 일들까지도 그냥 흘려 보낸다.

흐린 물이 섞이다 보면 스스로도 흐려지게 마련이다. 내가 머물렀던 자리에 차 향기처럼 은은한 여운을 남길 수 있는 그런 삶이라면 좋겠다. 삶의 향기란 맑고 조촐하게 사는 인품에서 저절로 풍겨나온다. 향기 없는 꽃이 아름다운 꽃일 수 없듯이 향기 없는 사람은 온전한 인간일 수 없다. 내 삶에서 버려야 할 것들을 빨리 치워버린다면 내 삶은 향기 있는 삶이 될 것이다.

빈들에 서서 메마른 내 모습을 떠올려 본다. 빈들은 곡식이 없어도 습기를 머금고 촉촉해 있는데 나는 지금 가진 것이 없다고 마음까지 메말라 있다. 그런 마음으로 무슨 일을 성취시키겠는가?

한 그루의 나무를 제대로 기르기 위해서는 곁가지의 과감한 제거가 필요하다. 내 인생의 완전한 형성을 위해서라도 이런 것만은 꼭 버려야 한다.

제3부

못난이 셋

무형문화재

주일이면 근교 산으로 가볍게 등산을 한다. 오늘은 혼자다. 먹을 것을 땅에 묻어놓았다는 식장산, 그래서 보물이 많이 묻혀 있다고 하는가. 그곳을 오르다가 잠시 땀을 식히기 위해 펀펀한 바위 위에 자리를 잡는다.

그리 멀지 않은 곳에서 들리는 청아한 물소리가 내 청각을 유혹한다. 아름드리 나무들을 이리저리 휘젓고 조금은 움직여야 그 주인공을 만날 수 있을 것 같다. 가을철 여문 물소리가 아니다. 새로운 세상과 만나기 위해 엄마 뱃속에서 떨어져 나오는 새순에게 아름다움을 전하기 위한 특별한 배려인 듯 물소리가 감미롭게 들린다.

언젠가 들어보았던 선율이다. 좀 더 쉬어갈 요량으로 그곳으로 갔다. 맑고 깨끗한 청정수, 순수 그대로다. 한 점 부끄럼 없는 선녀의 치맛자락 빛이다. 이름 모를 새들의 지저귐과 청설모들의 재빠른 나무 타기와 잘 어울린다. 속세의 내가 가까이 하기에는 좀 경외스러운 분위기를 연출한다.

청년시절 동료들과 대둔산 태고사 아랫동네에서 하룻밤을 지샐 때의 기억이 파노라마 되어 흐르기 시작한다. 여섯 명이었다. 흐르는 계곡물에 발을 담그고 도수 높은 술과 안주로 밤을 즐기고 있었다.

돌을 방석 삼고 마주 앉아 발목을 맞댔다. 물장구를 쳤다. 물이 튕기지 않을 정도로 약한 세기였다. 손뼉을 치며 자그마한 소리로 합창하던 '에델바이스'의 음률이 되살아난다. 웃으며 노래하며 떠들며 낭만의 밤을 아쉬움이 남지 않도록 보냈다.

취기가 올라도 조금도 흐트러지지 않았던 신체리듬이 그 밤을 더욱 아름답게 만들어주었다. 우리는 그곳에서 새 역사를 창조했다.

그때 들었던 아름다운 선율이 시간의 여백에서 약간 표백되고 있었지만 그 당시를 회상하는 데는 별 어려움이 없었다. 그것뿐이랴. 귀에 익었던 소리들, 낯이 익었던 모습들도 하나둘 새겨지고 있다.

그러다가 젊음의 설레임과 순진하게 돌아가던 필름들이 덜거덕 덜거덕 소리를 내며 멈추려 한다. 전설로 남으려 한다. 잠시 유토피아로 여행을 했던 나다. 행복하다.

엊그제 내린 비로 인해 그 옛날의 그 소리를 다시 들을 수 있음이 행복하다. 이곳을 찾아오길 잘했다. 불면의 밤으로 뒤척이던 첫사랑. 그 시절 내 마음을 감싸주었던, 지금은 애잔한 그리움으로 남아있는 그 물소리는 영원한 나의 안식처의 역할을 하는데 손색이 없는 무형 문화재다. 아, 옛날이여!

집 단장

아버지가 거처하고 계신 집은 20여 년 된 낡은 토담집이다. 어머니가 쉬고 계신 곳도 아버지 바로 옆의 10년 정도 된 낡은 집이다. 할아버지의 저택은 한 세기가 다 되어 간다.

해마다 몇 차례씩 찾아뵈면서 이리저리 살펴보지만 찾아갈 때마다 손보아야 할 곳이 너무나 많다. 비바람 이기지 못하고 벽의 흙이 떨어져나가고, 각종 동물들의 습격을 받아 찢기고 할퀴고 구멍 뚫린 곳이 한두 군데가 아니다. 그래도 허물어진 앞마당에 잃어버린 추억들이 반짝이고 있다.

요즘은 아파트 같은 고급주택들이 판을 치지만 아주 옛날에 지어진 집이고 게다가 산골 한적한 곳에 위치해 있어 적막감까지 감돈다.

저 건너 마을 옥수수 밭을 스쳐온 골바람이 지날 즈음이면 마당가

잔디들도 가녀린 몸뚱이 이리저리 흔들며 재미있는 율동을 한다. 가끔씩 산새들 찾아와 이웃마을 소식 전해주고 까치밥으로 남겨놓은 잔칫상 옆에 자리하고 포만감을 즐긴다.

좁은 화단이었지만 유난히 꽃을 좋아하셨던 아버지, 어머니, 지금도 부모님 가슴 속에는 채송화, 맨드라미, 붓꽃, 봉숭아, 칸나들이 자라고 있을 것이다. 친구들과의 교분도 계속 유지하고 계실 것이다.

살아생전 아버지 지시던 풀짐에 나비 두어 마리 따라 날고 있는 것 같다. 찔레순 뜯어먹던 하루해가 왜 그다지도 길었던지. 갈가리 찢기고 갈라진 어머니 손등, 금간 우리들 가슴을 생각하면 가슴이 울컥하지만 그러한 과거가 오늘의 나를 창조해주었다 생각하니 마음이 찡하다. 남같이 낯설어진 들국화 몇 송이만 반색하는 아버지, 어머니 저택.

올해도 추석을 맞이하여 집 단장을 해드리기 위해 기구들을 챙겼다. 예초기를 싣고 달려가는 발길이 가벼웠다. 얼마 전 들렀을 때는 땅벌들의 습격을 받은 흔적들이 역력했었다. 땅벌들의 습격을 받고 얼마나 고통스러우셨으랴. 살중제를 뿌려 그들을 진정 시킨 뒤에 작업을 시작했다.

오랫동안 지붕 손질을 하지 못해 우기에 빗물이 새는 등 얼마나 어려우셨을까를 생각하면서 자식 된 도리를 다하지 못해온 것에 질책을 쏟아 붓는다.

대여섯 명의 힘이 투여되니 짧은 시간인데도 산뜻한 저택으로 바뀐다. 내 집도 청소를 자주 하지 않으면 집안이 엉망이 된다. 하물며 혼자 살고 계시는 집이니 오죽 하랴. 진입로 청소하고, 물 뿌려 벽도 닦고, 지붕까지 페인트칠을 다시 하니 자연과 어우러진 저택이 가을의 정취와 어울려 마치 이국의 아름다운 풍경을 보는 것 같다. 할아버지 좋아하시고, 부모님 얼굴 환해지시고, 백형의 얼굴까지 활짝 펴졌다. 약주 한 잔 올리니 수염 쓰다듬으시며 맛있게 받아 드신다.

오랜만에 자손들 모여 시끌벅적 사람 사는 집 같았다. 흡족한 미소를 지으시는 모습이 보기에 좋다. 용돈 드리지 않아도 이렇게 좋아하시는 걸 보니 그곳의 사회보장제도도 선진국형이 되어 있는가 보다.

약간의 돈과 노력으로 일궈낸 보람이 땀방울까지 삽시간에 말려준다. 다음에는 문패는 없지만 벽에 액자도 걸고 대문 앞에 황금측백도 심어 더욱 환한 저택이 되도록 신경 써야겠다는 다짐을 하면서 하직 인사를 올렸다.

돌아오는 길 불편한 몸 이끌고 산등성이까지 올라오셔서 손을 흔들어 배웅해주시는 모습에서 진한 내리사랑을 다시금 느낀다.

성실과 은근과 끈기로 철학을 만들어주시고, 어려운 시절 그 어둔 질곡의 터널을 빠져나오는 지혜를 가르쳐주신 부모님의 일거수일투족은 내 남은 삶의 지침이 될 것이다.

김수환 추기경이 던져준 메시지

말을 많이 하면 필요 없는 말이 튀어 나온다. 양 귀로 많이 듣고, 입은 세 번 생각하고 문을 여는 게 좋다. 평소에 말이 없던 사람이 술의 힘을 빌리면 청산유수다. 그 청산유수 속에 쓸데없는 내용들이 술술 튀어나온다. 하지 않아야할 말들이 튀어나와 주위를 당혹케 한다. 귀가 얇은 사람은 그 입 또한 백짓장처럼 가볍다. 귀가 두꺼운 사람은 그 입 또한 바위처럼 무거워 좀처럼 입을 열지 않는다. "저 사람에게는 무슨 얘기를 해도 괜찮아."라는 평판을 얻을 수 있는 사람이 좋다. 노래도 못하는 사람이 노래방에 가서 마이크를 한 번 잡으니 계속 잡는다. 같이 간 사람이 괜히 피곤해진다.

수입의 1%는 책을 사는데 투자하는 것이 좋다. 책은 지식을 주고 지혜를 준다. 옷이 해지면 입을 수 없지만, 책은 시간이 지나면 지날

수록 위대한 진가를 발휘한다. 창의는 독서에서 나온다. 아껴야 할 곳과 투자해야 할 곳을 혼동하는 사람들이 있다. 구입하는데 그치면 안 된다. 읽어야 한다. 책은 가치를 매길 수 없는 보물창고다. 채석장이다. 그곳에서 개성을 형성하고, 인격을 완성한다. 자기 자신을 계발시키고, 고무하고, 유익한 정보를 제공해준다. 사는 동안 뚜렷한 목표를 세워 계속 전진하도록 이끌어준다. 인간에게 필요한 것은 결국 책을 읽겠다는 결단이다. 결심만 한다면 아무리 바쁘더라도 하루 15분 정도는 시간을 낼 수 있다. 책 읽기를 시작하면 15분 가운데 단 1분도 낭비해서는 안 된다. 날마다 15분씩 1년이면 놀랍게도 36권이라는 많은 책을 읽게 된다. 독서는 많은 사람들을 지식과 지혜가 풍부한 사람으로 성장시켜 무한한 가능성을 지니게 한다. 빌 게이츠의 말은 생각하면 할수록 깊이가 있어 좋다. "하버드대 졸업장보다 독서하는 습관이 더 중요하다."는.

노점상에서 물건을 살 때 깎지 않는 게 좋다. 써야 할 곳에는 쓰지 않고 허투루 쓰는 사람들이 많다는 얘기를 자주 듣는다. 전통시장에 가서 허리 구부러진 할머니한테 콩나물 1000원 어치를 사면서 깎는다. 베풂과 봉사는 성질상 한 단어다. 행색이 초라한 사람에게는 베풀고 싶은 마음이 드는 것은 인지상정이다. 그러면서 큰돈을 쓸 때는 조금도 아끼지 않는 이중성을 보이는 것이 우리 인간인 것 같아 마음이 씁쓸하다.

웃는 연습을 생활화 한다. 웃음은 만병의 예방약이고, 치료약이며,

노인을 젊게 만들고, 젊은이를 동자(童子)로 만들어 주는 비밀병기다. 웃음은 고통과 싸워 이기게 하는 놀라운 힘을 발휘한다. 하루 몇 분 동안의 웃음이 상당 기일 생명을 연장시켜 준다는 연구보고도 있다. 웃음은 인간관계를 리드미컬하게 연결해 주고 꽉 막힌 대화 채널을 풀어내는 힘을 갖고 있다. 웃음은 우리를 행복하게 함과 동시에 우리 몸을 푸르게 한다.

텔레비전과 많은 시간 동거하지 않는 것이 좋다. 텔레비전은 우리의 두뇌를 멍청이로 만드는 주범이다. 가끔씩 심심풀이로 가까이 하는 것은 괜찮겠지만 거기에 올인하면 안 된다. 두뇌가 망가진다. 생각할 틈을 주지 않고 현상만 보여주기에 그렇다. 술에 취하면 정신을 잃고 마약에 취하면 이성을 잃지만 텔레비전에 취하면 모든 게 마비되는 바보가 된다. 창의와 상상과 멀어지면 인간은 바보스러워진다.

화내는 사람이 언제나 손해를 본다. '세 번만 참으면 살인도 면한다.' 했다. 상대에게도 '무슨 사연이 있겠지.' 하는 생각으로 너그럽게 봐주면 된다. 급한 성격의 소유자로 태어났다면 더욱 참을 일이다. 화내는 사람은 자기를 죽이고, 남을 죽이며, 아무도 가깝게 오지 않아서 늘 외롭고 쓸쓸하다. 큰 소리 치는 사람보다 작은 소리로 논리적으로 파고드는 사람을 상대방은 더 무서워한다. '내일 보자'는 사람 무섭지 않다 하지만 그래도 그런 사람을 이 사회는 요구한다.

기도는 녹슨 쇳덩이도 녹이며 천 년 암흑 동굴의 어둠을 없애는 한 줄기 빛이다. 기도는 영혼을 하늘로 날려보내는 날개의 역할을 한다.

주먹을 불끈 쥐기보다 두 손을 모으고 기도하면 좋다. 기도는 자성을 찾게 하며 만생을 유익하게 하는 묘약이다. 기도하고 있는 동안은 무아지경에 빠진다. 모든 것을 잊을 수 있는 유일한 시간이다. 기도는 자기 자신을 위해 하는 것이다. 그렇다고 거기에 자신의 모든 것을 거는 것은 안 된다. 기도를 습관적으로 하는 것도 안 된다. 그러면 진실성이 결여된다. 기도는 종교인에게만 주어진 의무가 아니다.

항상 타인을 생각하며 사는 삶에는 미풍이 가까이 한다. 미풍은 마음을 살지게 하고, 행동을 유연하게 하며 많은 추종자를 거느리게 하여 삶을 윤택하게 한다. 많이 가지고 있거나 적게 가지고 있거나 그런 마음을 갖고 있다는 자체가 중요하다.

이웃과는 조건 없이 가까이 지낸다. 절대로 등지지 않고 산다. 이웃은 나의 모습을 비추어 보는 큰 거울이다. 이웃이 나를 마주할 때 외면하거나 미소를 보내지 않으면 목욕하고 바르게 앉아 자신을 곰곰이 되돌아 볼 일이다. 내가 먼저 숙이고 다가선다. 차 맛은 누구와 같이 마시느냐에 따라 결정되는 것이다. 뿌린 대로 거둔다. 아니 땐 굴뚝에 연기 나겠는가? 사랑은 무시와 상반되는 말이다. 미움보다 더 독한 마음이 상대를 무시하는 것이다.

머리와 입으로만 하는 사랑에는 향기가 없다. 진정한 사랑이란 이해 · 관용 · 포용 · 동화 · 자기 낮춤이 선행되는 사랑이다. "사랑이 머리에서 가슴으로 내려오는데 칠십 년 걸렸다."고 말한 어느 선사가 있었다. 철이 들면 인생은 종을 친다 했다. 그 반대로 만들 수는 정녕 없는 일인가? 사람을 미워하는 것은 일부분만을 보는 것이요, 사랑하는 것은 전체를 보는 것이다.

김수환 추기경의 말씀들은 우리 모두가 가슴에 지녀야 할 보석 같은 경전이다.

남에게 주어야 할 세 가지

끌어당겨 안으려 하는 삶보다는 베푸는 삶이 좋다. 가진 게 많아야 베푼다는 말은 맞지 않는다. 사람의 욕심이란 끝이 없는 것이어서 가질수록 더 가지려 한다. 아흔아홉 섬 가진 부자가 한 섬 가진 사람의 것을 빼앗아 백 섬을 채우려 하는 것이 인간 심리다. 부자동네 사는 사람들보다 가난한 사람들이 사는 동네에서 이웃돕기 성금을 내는 사람의 수효가 더 많다는 것은 더 이상 이상할 게 없다.

이 세상에는 남에게 주어야 할 것들이 많다. 이십여 년 전 직장에서 봉사활동 차원에서 요양원을 방문한 일이 있다. 거기에 수용되어 있는 사람들은 한결같이 몸이 비틀어져 있었다. 걷는 것도, 말하는 것도, 행동하는 것까지도… 모두가 불편한 사람들이었다. 그런 사람들을 돌보는 사람들은 하나같이 천사처럼 보였다. 특별한 사명감을 가지지 못한 사람은 거기에서 하루도 견뎌내지 못할 것 같았다. 축처진 벽지마다 그들의 어깨가 기형적인 얼룩으로 남아있었다. 이들에게 약간의 도움은 천군만마를 얻은 기분일 것이다. 얼마 안 되는 액수지만 내가 지금까지 지속적인 도움을 주고 있는 것은 그들을 돕는 사람들의 헌신적인 노력에 힘을 보태기 위함이고, 수용되어 있는 그들에게 희망을 주기 위함이다.

마음은 묶어두면 얼음이 되지만 나누면 화로가 된다. 묶어놓은 마음에는 성에가 끼고 얼음이 얼지만 나누는 마음에는 온기가 흐르고 꽃이 핀다. 그렇지 않은가? 돈은 쓰면 사라지지만 따뜻한 마음은 돌고 돌아 온 세상을 데우는 용광로가 된다.

그런 사람들은 암만 봐도 부처님 옆에 앉아 있는 보살이다. 오랜만에 머리를 감아도 비누냄새가 확 풍긴다. 향수를 쓰지 않아도 향내가 천리를 간다. 꽃은 자신을 위해서 피지 않는다. '내 향기로 그가 맑아지고 그의 향기로 내가 맑아진다.' 그런 뜻으로 피는 것이겠다. 그의 일거수일투족에는 배려 혹는 감사의 마음이 곳곳에 배어 있다.

사람들은 어려움을 겪을 때 위안 받고 싶고 위로 받고 싶어 한다. 극한 상황에 처해 있을 때 따뜻한 말 한마디가 얼마나 큰 위안이 되는지 모른다. 그런 말을 해주는 사람은 구세주와 같이 느껴진다. 나락으로 떨어져 내려가는 순간 내려준 밧줄 하나가 그 사람에게는 크게 위안이 된다. 그럴 때면 어린 시절 누나의 등에 업혀 오르내리던 언덕길에 반겨주던 꽃을 만난 듯 기분이 좋다.

대머리가 되는 것을 두려워하기보다 그 머리 안에 무엇이 들어있는가를 중요하게 생각하라 한다. 겉으로 보이는 모습만을 가지고 위안 받으려 하지 말고 당당하게 사는 것이 좋겠다.

사람들은 자기가 한 일에 대하여 올바른 평가가 내려지는 것을 원한다. 자신이 한 일에 대하여 누군가가 정당한 평가를 내려준다면 더없이 고마운 일이다. 우리는 타인의 장점을 얘기해주기보다 단점에 대하여 얘기하는데 익숙해져 있어 더욱 그런지 모르겠다.

웃는 연습을 잘 하는 사람이 좋은 평가를 받는다. 웃는 얼굴에 침 못 뱉는다고 그런 얼굴을 가진 사람의 가슴속에는 따스한 온기가 자리하고 있다. 세상에는 정답을 말하거나 답변하기에 난처한 일이 많다. 그때마다 '허허' 웃어 보이는 여유를 가지면 뜻밖에 문제가 잘 풀리며 좋은 평가를 받을 수도 있게 된다.

가진 것을 다 써버리지 않고 여분의 것을 끝까지 남겨둘 줄 아는 사람, 그리움을 남겨두고, 사랑을 남겨두고, 정을 남겨두면서 다음을 기약하는 사람은 올바른 평가를 받게 된다.

언제 어디서든 타인에 대한 올바른 평가를 내림은 자기 자신을 높이는 결과가 된다. 더구나 자리에 없는 사람을 깎아내려 폄하시키는 일은 하지 말 일이다. 남에게 좋은 평가를 내리는 그런 사람은 흙으로 돌아가면서도 마지막까지 인자한 사람으로 남아 있다. 특별한 향기를 풍긴다.

언제나 푸른 생각 푸른 마음으로 아픈 삶을 함께 하고 배려하면서 위로 받고 위안 받으면서 맑고 향기로운 내음 가득한 삶을 살기를 원한다. 둘이 아닌 하나의 마음으로 변치 않는 마음으로 서로 감사하고 서로 사랑하고 따뜻한 정 나누면서 사는 삶을 살기를 원한다.

다시 쌓을 수 없는 세 가지

한번 잃은 신의는 되찾기가 쉽지 않다. 사람에 대한 평판은 굳어질 대로 굳어져 있기에 쉽게 허물어지지 않는다.

존경받기가 쉽지 않은 세상이다. 나이를 이용하여 아랫사람을 압도하려는 생각은 위험천만이다. 농기계를 다룰 줄 모르고 과학영농이 무엇인지 모르는 아버지는 더 이상 아들에게 가르칠 게 없는 세상이 되었다.

나이를 먹을수록 연구와 연찬에 힘써야 한다. 노하우를 쌓아가는 겸손이 존경의 도를 두터이 한다. 자신과의 싸움에서 백전백승하는 사람은 존경스럽다. 이기고 나서 교만을 부리지 말고, 지고 비굴해지면 안 된다는 가르침을 주는 사람을 나는 존경한다. 그런 사람의 가슴에서는 산사의 깨달음의 종소리가, 계곡을 흐르는 청아한 물소리가, 오욕을 삭이는 무아지경의 독경소리가 흘러나온다.

장미는 2만 종이 넘는다. 그러나 그 뿌리는 오직 하나다. 찔레다. 그런 신조로 살아야 신뢰를 쌓는다. 어느 문인은 자신의 작품에서 상처도 향 고운 꽃으로 피워낸다. 거저 나눠주는 한 권의 시집이지만 초산의 진통 같은 글쓰기 작업을 천직으로 알고 사는 사람도 존경스럽기는 마찬가지다.

20%의 투입이나 노력으로 80%의 성과를 가져오는 그런 사람이 존경스럽다. 얼마 남지 않은 삶일지라도 지팡이에 의지하지 않고, 늘 활기차게 살며, 받으려 하기보다 먼저 주려는 사람을 보면 존경스럽다. 그런 사람은 위를 쳐다보면서도 절망하지 않으며, 아래를 내려다보면서도 교만하지 않고, 오늘에 감사하면서 내일의 희망을 안고 살아가는 사람이다.

영원히 변하지 않는 부분이 있다는 것을 깨닫는다. 남편의 자리에서 아내의 자리에서 조금씩 양보하며 한결같은 마음으로 아끼고 존경하며 소중히 여기는 부부의 정은 굳건한 신뢰로 쌓아올린 탑이다. 입을 벌리면 풋사과 맛 같은 바람 냄새가 나는 사람이 그립다. 사다리 없이 지붕에 올라가겠다는 사람에게서 어떤 신뢰를 얻을 수 있겠는가? 물이 깊어야 배가 뜬다. 한쪽 다리가 부러진 의자처럼, 체인이 끊어진 자전거처럼 사는 삶에서 신뢰는 달아난다.

심성이 고운 사람만이 아름다운 사람을 만날 수 있다. 자신을 죽여 상대를 높이는 인격의 고양이야말로 우정을 싹틔우는 관건이다. 신뢰를 싹 틔우기 위해서는 티 내지 않고 모자란 듯 사는 것도 한 방법이다.

매사를 긍정적으로 이해하고, 범사에 감사하며 산다. 그리고 웃으며 기쁘게 살다 보면 상대의 신뢰를 한몸에 안을 수 있다. 약속시간에 늦는 사람하고는 동업하지 않는 게 좋다.

우울함이 마른버짐처럼 덕지덕지 묻은 친구의 얼굴을 보며 그간 쌓아왔던 우정의 탑을 더욱 견고히 하고자 하는 마음을 두터이 한다. 어려울 적 따뜻한 말 한마디는 우정을 더욱 탄탄하게 고정시킨다. 가느다란 자존심에 소금을 팍팍 뿌려대는 친구는 이미 친구가 아니다. 구원의 동아줄을 내려주어 재기의 발판을 마련하도록 도와주는 친구의 우정은 눈물겹다. 좋은 친구는 피로회복제와 같다.

그의 가슴에서는 생강나무꽃 피는 소리가 들리고, 쇠똥구리가 지구를 굴리는 소리도 들린다. 그 소리를 듣고 어린 소나무 하나 내 마음속에 뿌리를 내린다. 꽃보다 더 소담스러운 우정의 향기를 풍기는 친구는 오늘 내가 살아가는 의미를 부여해 준다.

마음은 손으로 만질 수 없는 부분이다. 마음을 만져줄 수 있는 사람만이 상대의 마음을 움직일 수 있다. 상대의 마음을 만져주기 위해서는 먼저 내 마음을 주어야 한다. 거기에 마음을 움직일 수 있는 진실을 보여준다.

마음을 얻는 것이 재물을 얻는 것보다 낫다. 그런 마음을 가진 친구가 건네주는 우정은 진실하다. 옛 친구들을 만나는 기회마다 놓치지 않는 것이 좋다. 그와 같은 기회는 시간이 갈수록 줄어든다. 사랑하는 사람보다 좋은 친구가 더 필요할 때가 있다.

못난이 셋

세상에는 못난이들이 참 많은 것 같다. 그래서 병신도 급수가 있다 했던가? 잘 한다고 한 일이 뒤에 좋지 않은 일로 변질되어 후회를 하는 사람들을 종종 본다. 모든 일이 돈 때문에 생기는 것 같다. 부모와 자식 사이에서도 그렇고, 부부 사이에서도 그렇다. 특히 타인과의 사이에서는 더더욱 그렇다. 그래서 형제자매는 물론 타인과는 돈거래를 하지 말라는 얘기가 있다. 동업도 하지 말란다. 돈은 거짓말을 잘해서 사람과 사람 사이에 끼어 이간질을 한다. 사람은 그리 하지 않으나 돈은 인격도 사상도 인정도 없는 놈이기에 변심을 잘한다.

사람이 살아가는 데 없어서는 안 될 것이 바로 돈이던가. 돈이 있으면 사람자체가 달라 보인다. 돈은 인간을 그럴싸하게 만들기도 하고, 치사하게 만들기도 한다. 돈 없이 살다보면 궁색하여 사람들에게

업신여김을 당하기도 한다.

모든 재산을 일찍이 자식들에게 다 나누어주고 궁핍한 생활과 병이 들어 고생하는 사람을 첫째 못난이로 본다. 아프면 병원에 가야 하는데 돈이 없다. 돈을 나누어 가진 자식들은 서로 눈치를 본다. '불치의 병이 들었는데 굳이 돈을 쓸 필요가 있는가?'라고 반문하는 자식들을 본다. 부모 입장에서는 속이 터질 일이다. 자식은 사채업자라는 말이 있다. 부모가 갖고 있는 돈은 어떻게 해서라도 가져가려 한다. 그리고는 갚지 않는다. 잠시 맡겨 놓은 돈으로 생각하기 때문이다.

은퇴를 하고 나서 부인(남편)에게 다 주고 타 쓰는 사람을 둘째 못난이로 본다. 가지고 있을 때와 빈털터리가 되었을 때 사람의 가치에는 엄청난 변화가 일어난다. '아니, 벌써 다 썼수?' '돈 가져간 지 얼마나 됐다고.' 그 소리를 듣는 순간 속이 끓어오른다. 친구들하고 밥도 한 끼 먹어야 하고, 어떤 때는 술도 한 잔 마셔야 한다. 영화도 보아야 하고, 노래방에도 가야 한다. 움직이면 돈이다. 왜 그랬는지 이제 와서 후회해도 소용이 없다. 그런 면에서 내가 번 돈은 내가 스스로 간직하는 것이 상책이다. 그래야 죽기 전까지 사람 대접을 받는다.

재산이 아까워서 쓰지 못하고 병들어 죽는 사람이 셋째 못난이다. 입는 것도 꾀죄죄하고, 먹는 것 또한 그렇다. 나들이 할 때도 항상 그 옷이다. 천생에 그렇게 타고 나서 그렇다고 자위할 일만도 아니다. 그런 사람을 보면 안타깝다는 생각이 든다. 하고 사는 정도에 따라 추억의 색깔도 조금씩 다르게 나타난다. 늙으면 힘 없고 근력도 떨어진다. 거기에 돈까지 쓰지 못한다면 인생은 더더욱 추할 터이다.

인간이 돈의 지배를 받게 되면서부터 사회는 병들고 있다. 돈에 눈이 멀어 피를 나눈 가족끼리 재산 싸움을 벌이고, 심지어 생명까지 살상하는 인면수심의 범죄도 심심찮게 벌어진다. 평범한 몇몇 직장인들이 돈맛을 잘못 알고부터는 거액의 공금을 유용하는 사건도 늘고, 돈 때문에 폭행, 상해 등의 강력범죄도 급증하고 있다.

최근 자녀를 두고도 노후에 홀로 쓸쓸히 사는 노인들이 늘고 있다는 얘기가 심심찮게 들린다. 돈으로 사람은 살 수 있으나 그 사람의 마음은 살 수가 없다. 돈으로 호화로운 집은 살 수는 있어도 행복한 가정을 살 수는 없다.

돈은 너무 가까이 하지 않는 것이 좋다. 돈에 눈이 멀면 불행하다. 그렇다고 돈을 너무 멀리하지도 말 일이다. 돈이 모자라면 필요한 것과 원하는 것을 구별해서 사용하면 된다. 땅에 묻어 놓은 돈은 실제로는 내 것이 아닐 수 있다. 돈은 써야 할 때에 바로 쓸 수 있어야 그 가치를 발휘한다. 늙어가면서 무엇보다도 중요한 것은 스스로 자신을 잘 대접하는 것이다.

"고기를 먹으며 다투기보다는 채소를 먹으며 화평한 것이 낫다."라는 성서의 잠언은 풍족한 소유보다 풍요로운 존재로 살아가야 한다는 삶을 말해주고 있는 것이다. 그렇더라도 못난이로 살아가는 우를 범하지는 말 일이다.

엄마의 체취

은비녀 꽂으시고 하늘색 치마저고리를 즐겨 입으셨던 엄마 생각이 절로 나는 오늘이다. 천사 같은 마음씨를 갖고 계셨던 엄마였기에 이 세상 소풍 끝내는 날도 아주 편안히 눈을 감으셨던 것 같다.

언제 들어도 다정다감한 느낌을 주는 말이다. '엄마'라는 말이. 어렸을 적에만 어울리는 말이라고 할 사람도 있겠지만 난 안 그렇다. '어머니'보다 '엄마'란 말이 더 좋다.

나는 지금도 산소에 가면 '어머니'라고 부르기보다 '엄마'라고 부른다. 1913년생이니까 지금 생존해 계시다면 만102세이다.

생전 엄마의 몸에서는 엄마 특유의 냄새가 났다. 세상의 어떤 냄새보다도 향기로운 엄마 냄새, 그것은 땀 냄새였다. 농촌생활에서 얻어진 향기. 평야지대의 한복판이었으니 갖고, 보이는 건 논뿐이었다.

논일을 하시면서 밴 특유의 땀 냄새였다.

사년 터울로 사내자식만 다섯을 낳으신 엄마였다. 딸 좀 하나 정도 낳으셨어도 좋았으련만 딸과는 인연이 없었던 내 엄마. 내가 넷째인데 딸 노릇을 해드렸던 것이 뿌듯함으로 남는다.

코흘리개 넷째 아들을 방안에 가두어 놓고(?) 논일을 나가셨던 엄마, 간식 때에 들어와 젖 한 모금 빨리고, 다시 점심 때 들어와 젖 한 모금 빨리면서 키웠노라고 회고하시던 엄마의 몸에서는 세상 어떤 냄새보다도 향 좋은 땀 냄새가 났다. 그 땀 냄새를 맡으며 나는 잠이 들었다.

엄마의 몸에서는 땀 냄새만이 아니었다. 어떤 때는 오이냄새, 어떤 때는 옥수수냄새도 났다. 벼냄새, 콩냄새, 풀냄새, 수초냄새 짙은 논길을 거닐면서 몸에 밴 냄새들, 자연의 냄새였다. 땀 냄새이면서도 역하지 않았다. 그 냄새는 하루 종일 맡아도 좋았다.

엄마가 마실을 가실 때면 엄마의 치마꼬리를 붙잡고 쫓아다녔다. 쫓아가는 길도, 돌아오는 길도 행복했다. 엄마의 냄새를 맡을 수 있었기 때문이었다.

해진 양말 기우시며 긴 밤을 지새울 때 난 그 앞에서 콜콜 잠을 잤다. 오형제 배 곯을까 치마끈 졸라매고 논일 하시느라 허리 굽는 줄도 모르셨다. 팔십 평생 가시밭길 걸으면서도 한 백년 사실 줄 알았는데 가시는 날은 정말 편히 눈을 감으셨다.

청승맞은 비가 주룩주룩 소리를 내며 내리던 날이었다. 고향집 안

방이었다. 늘 바쁜 엄마가 모처럼 안방에 누워 낮잠을 주무셨다. 나도 그 곁에 누워 단잠을 잤다. 엄마 곁이 그렇게 안온하고 평화로웠다는 걸 안 것은 한참 후의 일이다. 비가 오는 덕분에 한 많은 시름을 잠시 풀어놓고 고단한 몸을 쉴 수 있었던 엄마였다.

노후엔 민요가락을 즐겨 부르셨다. '노들강변 봄버들'을 즐겨 부르셨다. 절망의 바다를 힘겹게 노 저어 가며 토해내는 한숨소리였던가. 어머니는 자식 입에 먹을 것이 들어가고 나서야 비로소 배가 부르다 하셨다.

아! 엄마 몸에서 나던 땀 냄새를 맡고 싶다. 아련히 흘러간 세월, 그 세월 속에 엄마 몸에서 나던 땀 냄새도 아련해졌다. 오늘 가요무대에서 어떤 가수가 부르는 '어머니'란 노래가 내 눈시울을 적셨다.

'어머님, 오늘 하루를 어떻게 지내셨어요… 손발이 금이 가고 잔주름이 굵어지신 어머님,… 오래오래 사세요. 편히 한 번 모시리다.' '동지섣달 긴긴 밤이 짧기만 한 것은 근심으로 지새우는 어머님 마음'이고, '길고 긴 여름날이 짧기만 한 것은 언제나 분주한 어머님 마음'이란 '모정의 세월'도 내 가슴을 후린다. 이런 노래들이 내 가슴에 파도되어 나를 아주 아주 어린 시절로 돌아가게 해주었다.

엄마는 나의 거울이었다. 내가 나를 볼 때마다 엄마를 통해 볼 때 내가 더욱 선명하게 드러났다. 천사 같았던 엄마를 통해 바라보는 나, 그런데 나는 천사는 그만두고 일사도 아니 되니 어찌하랴.

남에게 손가락질 한 번 받지 않았던 엄마가 남겨주신 유훈을 갈고 닦을 일이다. 다른 이들의 삶을 존중하고, 아름다운 사람들과의 만남을 어떠한 일보다도 우선으로 여기며 그들과 함께 하는 삶을 살도록 하겠다. 모든 면에서 잘나 보이지 않도록 노력할 것이다. 그래야 죽을 때 내 곁에도 친구 몇 명이 자리를 같이 해줄 테니까. 마음속에 좋은 생각이 가득한 사람은 좋은 말을 하고, 좋은 것을 주며, 좋은 삶을 산다. 내 엄마가 그러하셨듯이.

내 엄마는 눈발 속에 서 있는 한 그루 푸른 소나무처럼 내 가슴속에 떠오르는 아스라한 한 장의 수채화다. 세월이 가도 식지 않는 사랑을 내게 주신 분이다. 내리사랑은 있어도 치사랑은 없다 했던가.

사람은 아픔과 실패를 안고 끊임없이 전진함으로써 좋아진다 하지 않는가. 그런 삶을 살고 싶은 것이다. 엄마의 몸에서 나던 '땀 냄새'를 생각하면서.

오늘 밤 짧게 머물렀다 떠나신 엄마별이 더욱 반짝반짝 빛을 발하고 있다.

이제 다시 시작되는 나의 삶

먹을 것이 턱없이 부족했던 시절이었다. 그저 배가 부르면 좋았다. 명절이 되어 설빔이나 추석빔 얻어 입을 생각에 잠을 이루지 못했던 날들이 많았던 기억이 새롭다.

기차를 타려면 낡은 완행버스를 타고 20㎞나 되는 거리를 더 나가야 했다. 버스를 타기 위해서도 3㎞는 족히 걸어야 했다. 기차를 탄다는 것은 하나의 동경이었다. 그러다 중학교 3학년 때에 이르러서야 수학여행을 경주로 가는 바람에 기차를 타게 되었다. 창밖 풍경은 나에게 경이로움 그 자체였다. 평야지대에서만 살아온 나에게 우리 대한의 산천은 경이에 가까운 신비 그 자체였다.

어려운 생활이면서도 그걸 모르고 앞만 보고 달리던 시절이 주마등처럼 내 뇌리를 스친다. 육십년대 후반 이십대 초반의 나이로 '선생님' 소리를 들으며 교단에 처음 섰을 때의 그 감격을 잊을 수가 없다. 생생한 기억으로 떠오른다. 4㎞나 되는 거리를 걸어 다녔다. 완행버스가 있긴 했지만 기다리는 시간과 차내에서 인간대접을 받지 못하는 처지를 생각하면서 마냥 걸었다. 지금처럼 운동이라 생각하면서 걸은 것도 아니다.

고향에서의 십 년 직장생활을 마감하고 도시로 나왔다. 참 어렵게 살았다. 혼자 벌어 살아가기에는 정말 어려움이 뒤따랐다. 아이들 둘에 우리 부부가 할 수 있었던 일은 아주 열심히 돈을 버는 것(봉급밖에 다른 수입은 없었지만)과 더 열심히 돈을 아끼는 일밖에는 없었다. 그러다 보니 고향에서 쌀 가마니라도 부쳐오는 날이면 주인집 리어카를 빌려, 밀고 끌고 3㎞나 되는 수하물집하장까지 가서 실어왔다. 몇 정거장 걷는 일은 예삿일이었다. 삼십 중반의 뜨거운 청춘이 대전 바닥에서 아득바득 살아남기 위해 수없이 짐을 싸고 풀고 다시 쌌던 일들이 하나둘 환상처럼 되살아난다.

이제는 아픈 곳이 하나둘 늘어난다. 삼십대 초반부터 나를 괴롭힌 안구건조증으로 고통을 받고 있다. 항상 충혈되어 있다. 흐리멍텅한 눈이다. 언젠가 보았던 애견장이라 불리는 곳의 닭장 같은 철창에 갇힌 가여운 똥개들의 눈이 유독 나른하고 서글퍼 보였다. 내 눈이 아마 그렇게 보이지 않을까 하는 생각이다. 신장결석과 요로결석도 나를 고생시킨다. 우스갯소리로 하는 얘기다. 내가 죽고 나서 다비식을 거행한다면 아마도 누구보다도 사리가 많이 나올 것이다.

이러구러 살다 보니 어렸을 적 육십 고개를 넘기던 노인들의 모습이 떠오른다. 백여 호가 넘는 마을이었지만 육십 잔치를 하던 분들은 다섯 손가락 안에 들었다. 한참을 올려다 보이는 나이였다. 이제 고희에 가까워지니 나랏님은 지하철은 무임승차해도 된다 자비를 베푼다. 생각하면 얼마나 고마운 일인지. 이제는 지하철만 타면 무임으로 서울까지, 인천까지, 춘천까지도 여행하며 조국의 산천을 완상할 수 있다.

이 나이는 유치원생에 비유된다. 유치원생의 나이는 호기심에 젖어 있는 시기다. 모든 것이 신비롭고 신기한 것들뿐이다. 인생 칠십에 할 일이 왜 이리도 많은지 모른다. 그림그리기도 해야 하고, 악기 하나쯤도 배워야 하고, 행서나 초서도 써야 하고, 운동도 해야 하고….

거기다가 봉사활동도 해야 한다. 내 기능을, 내 능력을 필요로 하는 사람들에게 나눠주어야 한다. 재능 기부를 하면서 사는 삶은 보람차다.

지금은 어린 시절처럼 먹고 입는 것 걱정은 하지 않는다. 그래도 내가 해야 할 일 중의 제일은 잘 먹는 일이다. 어른들이 들려주었던 말이다. '아무개야! 들어갈 때 마셔라(먹어라). 안 들어갈 날 곧 온다.' 먹을 것을 앞에 놓고도 몸이 거부하여 먹지 못하는 사람은 또 얼마나 많은가.

날이 새면 몰라보게 달라지는 것들이 많다. 그런 것들과의 호사도 누려야 한다. 그러려면 건강해야 한다. 잘 먹는 것이 건강지키기의

척도다.

9988234다. 99세까지 팔팔하게 살다가 이삼일 누워 있다 가는 것이다. 그러려면 잘 먹어야 한다. 몸이라는 것은 조금 돌아보면 그 맛을 기막히게 알아서 계속 편함만을 누리려고 한다. 자꾸 자꾸 게으름을 피우게 놔두면 더 놀고 싶어 한다. 아주 습관이 돼서 놀려고만 한다. 좀 두들겨 패서라도 움직이게 해야 한다. 그리고 좋은 생각을 해야 한다. 긍정적인 생각을 해야 한다.

걷기 좋아하던 사람이 앉기를 좋아하고, 앉기 좋아하던 사람이 눕기를 좋아하면 갈 곳은 한 군데뿐이다. 종국에는 산의 부름을 받는다. 침대에 누워 있으나 산에 누워 있으나 누워 있는 것은 매한가지다. 움직일 수 있을 때 하고 싶은 일 해가며 내 인생 멋지게 장식하고 떠날 일이다.

인간을 감동시키는 삼체

타인을 감동시키는 일은 쉽지 않다. 메마른 가슴, 푸석푸석한 가슴에 윤활유를 부어넣어 촉촉하게 해주는 것은 칭찬 받을 일이다. 감동이란 준다고 주어지는 것이 아니고, 받고자 한다고 받아지는 것도 아니다. 은연중에 가슴에 푸른 물이 돌고, 은연중에 가슴에 율동이 들어가 호흡할 수 있다면 자연적으로 주고받는 것이다.

상대를 감동시키기 위해서는 내 가슴에 진하면서도 격한 율동이 장착되어 있어야 한다. 내가 하는 일에 최선을 다하는 일이다. 전신에서 땀이 나도록 움직여야 한다. 그렇게 열심히 하다 보면 자연히 땀이 난다. 땀을 흘리는 모습을 보면 누구나 감동 받게 된다.

더운 날 흘리는 땀이 아닌 정성을 다해 열정을 바치면서 흘리는 땀은 고귀하다. 속도와 효율만을 앞세우다 보면 영혼을 잃어버린다. 영혼을 고스란히 자기 것으로 숙성시키는 사람들이 만들어내는 땀들은 동심 같은 여림이고 떨림이다.

자신의 이름 뒤엔 부실공사가 없었다는 철저한 장인정신이 몸에서 땀을 만들어 낸다. 황소 같은 체력과 강철 같은 신념에서 빚어내는 땀은 가치가 있다. 항상 도전정신을 갖고 살아가는 몸이기에 땀이 흐른다고 생각하면 가슴이 벅차다. 어떤 문인은 앉아서 빨래 짜듯 머리를 짜내어 원고지를 채우는 것이 아니라 발로 찾아다니면서 소재를 발굴하여 문학화하기에 독자들이 쉽게 감동 받는다. 독자들은 그 감동의 짜릿한 쾌감을 맛보기 위해 그 문인의 작품을 찾아 나선다.

어떤 무대에서 주인공의 연기가 관객들의 눈시울을 적시고 있다. 주인공과 관객 간의 마음의 교감이다. 그 교감이 없으면 관객들의 눈은 메마르게 된다. 사회에서 낙오된 인생이라 낙인 찍혔던 인간이지만 주인공의 영혼에서 우러나오는 연기가 보여주는 행동에 매료되어 눈이 충혈되면서 촉촉해진다. 얼마나 보기 좋은 장면인가?

연꽃처럼 여린 성품을 지닌 사람이지만 하는 일은 그 반대여서 보는 이로 하여금 감동 받게 한다. 모기 한 마리 죽일 수 없고, 나뭇가지 하나 꺾을 줄 모르는 성품이지만 그 행동에서 관객은 눈물을 흘린다. 걸어가는 인생은 현상유지이고, 멈춰선 인생은 추하다 했던가. 그에 비하여 앞만 보고 열심히 달려가는 인생에게서는 감동을 받는다. 눈물이란 한사코 칠이 벗겨지는 생의 그늘을 적셔 반짝 입 열게 하는 금단추 같은 것이 아니던가. 그 눈물 속에 반달이 뜨면 그 속에서 소년과 소녀가 같이 논다.

우리가 더럽다고 하는 거름이 많은 땅에서는 초목이 잘 자란다. 그러나 지나치게 맑은 물에서는 물고기가 살지 않는다. 어떻게 공연해야 관객이 눈물을 흘릴 것인가? 그렇게 산 사람은 이 세상을 떠날 때에도 홀가분하게 떠난다. 갖고 가는 것이 물건이나 돈이 아닌 감동이라는 추억일 것이겠다.

서편제에서 주인공은 너무도 열심히 창을 배우고 있다. 뱃속에서부터 우러나오는 창법으로 노래하므로 그 열정에 목이 메어 목젖에서 피가 비친다. 그 피는 보는 이를 감동케 하는 액체인 동시에 그가 보인 노력에 대한 응분의 보답이다. 재치와 용모와 덕성을 갖춘 여인이 불러주는 그 환상적인 창에서 관객은 감동한다. 피땀이 용해되어 있는 그 소리에서 관객은 환호한다. 그래서 그런지 그 주인공은 대나무처럼 사철 푸르름을 자랑하고 있다.

세상의 꽃과 잎은 더 아름답게 피지 못한다고 안달하지 않는다. 자신의 이름으로 피어난 거기까지가 자신들의 한계이고 그것이 최상의 아름다움이란 걸 알고 있다. 작은 것에서부터 모든 것이 시작된다. 작은 것을 소중히 여기는 사람이 바로 행복한 사람이다. 그런 사람과는 막걸리 한 잔을 나누어도 좋고, 전화만 가볍게 주고받아도 좋은 기억으로 오래도록 남는다.

친구를 생각한다

레일은 늘 평행선을 달린다. 인생 후반기에 맺어진 우정, 피를 나눈 혈육은 아니지만 피를 나눈 혈육보다 닮은 점이 많다. 다른 점이라고는 얼굴의 생김새와 몸뚱어리의 골격뿐, 나와 친구는 하나의 눈으로 세상을 보고, 하나의 영혼으로 세상을 그리고 있다.

착한 눈빛, 해맑은 웃음, 한 마디 한 마디의 말에도 따뜻한 배려가 들어 있어 잠시 동안 함께 있었는데 오래 사귄 사람처럼 마음이 편안한 사이이다. 산 그림자 외로워서 하루에 한 번씩 마을로 내려온다. 종소리도 외로워서 울려 퍼진다. 그럴 때면 더 그리워하는 사이이다.

내가 그 사람을 진정한 친구로 맞은 것은 그의 서글서글한 성품 때문이다. 알게 된 것은 이제 십년 남짓밖에 안 된다. 그런데 죽마고우 이상으로 가깝게 지낸다. 서로에게 부족한 부분을 채워주는 알파들을 가지고 있어 더욱 가까워졌다.

활동적이고 추진력이 강하다. 실패를 두려워하지 않는 적극성이 있다. 베레모를 눌러 쓴 모습은 세상에 어느 남자보다 가장 멋지다고 자부한다. 사진작가로 활동하고 있다. 꿈은 꾸는 자만이 누리는 것이다. 내 친구는 사진작가이지만 꿈을 찍는 사진관이다. 거기다가 시인이기도 하다. 자연과 인생과 철학과 벗하며 순수한 영혼의 목소리를 낸다. 평범하고 무료하기까지 한 일상을 감동의 드라마로 바꿔 놓는다. 팔방미인이다. 장난감을 빼앗긴 아이 같은 표정을 찾아볼 수 없는 것이 그의 장점이다. 사진은 전국에서도 알아주는 베테랑이다. 억새는 텅 빈 겨울 들판을 좋아한다. 벌거벗은 숲에 홀로 서서 산천을 지키며 꿋꿋이 살아가고 있다. 내 친구가 바로 억새 같은 존재다.

인정이 많고 유머가 풍부하다. 원만한 대인관계를 유지하고 있으며, 모든 일을 긍정적으로 생각하는 것이 그의 장점이다. 호탕한 성격으로 천하를 호령하는 기개를 갖고 있으며, 웃음소리 또한 매력적이다. 타인의 아픔을 내 아픔으로 알고 베풀 줄 아는 아릿한 마음도 갖고 있다. 그래서 나는 친구를 나이를 줄이는 요술사라 부른다.

일회성으로 만나 탁주 일배(一杯)하는 그런 사이가 아니다. 내 아픔(행복)이 친구의 아픔(행복)이요, 친구의 아픔(행복)이 내 아픔(행복)이다.

인간의 상상력이 한 번 발동하면 실로 천단만회를 불러 일으킨다. 인생을 더듬으면 충만한 사색이 흐르고, 산하를 더듬으면 풍부한 감정이 시공을 초월한다. 이런 상상력과 추진력으로 그는 대전광역시 문화원연합회를 원만하게 이끌고 있다. 문화원의 모든 행사를 주도 면밀하게 계획하여 치러내고 있어 주위의 칭송을 받고 있다.

그의 노력은 거친 닥나무가 가공된 결과 윤이 나는 종이가 되는 것과 같다. 푸른 이마, 싱싱한 어깨, 억센 아귀, 거침 없는 발걸음들은 매일 새벽 헬스장에서 갈고 닦는 체력단련 덕분이다.

인간은 세 개의 눈을 갖고 있다 한다. 첫째는 밖으로 향하는 눈이요, 둘째는 위로 향하는 눈이요, 셋째는 안으로 향하는 눈이다. 그가 가진 세 개의 눈을 말하는 것 같다. 누구나 쉽게 따를 수 없는 혜안이 있다.

세상에는 두 종류의 위대한 사람이 있다고 한다. 그 하나는 육체적으로 위대한 사람이요, 또 하나는 정신적으로 위대한 사람이라고 쇼팬하우어는 말했다. 권력과 돈을 위해서라면 사랑도 명예도 헌 걸레처럼 팽개쳐버리는 쩨쩨하고 쪼잔한 것들이 세상 주인 노릇을 하고 있다는 요즘이지만 땅을 쿵쿵 울리며 매운 바람 헤치고 앞을 향해 걸어가는 그런 따스한 가슴을 가진 사람이다.

우승을 생각하는 감독이 아니라 어린 선수의 장래를 생각하는 감독이다. 한 마디로 생불 같은 사람이다.

행복은 결코 돈을 주고 살 수 있는 것이 아니라는 철학으로 산다. 자신의 둥지에 아름다운 착지를 위해 오늘도 열심히 뛰고 있다. 이런 친구가 이번 문화원장 선거에서 재선에 성공했다. 축하한다.

아름다움을 만들어내는 것은

침묵의 나무에 움이 트고 있다. 앙증맞으면서도 귀엽다. 돌이 지나지 않는 아가의 손가락 같다. 참 예쁘다. 아름답다.

아름다움을 만들어내는 것은 빛의 고통의 결과다. 빛이 없는 세상에서도 아름다움이 존재할 수 있을까?

빛이 없는 지하, 전기가 들어오지 않는 공간에서 아름다움이란 생각조차도 할 수 없는 일이 아닌가?

이런 아름다운 발견을 한 것은 독서 덕분이다. 오늘 괴테의 책을 읽다가 우연히도 생각해낸 결과물이다.

하루가 시작되는 이른 새벽에 깨어있다는 것은 축복 받을 일이다. 그 시각에 새롭게 연출하는 자연의 기기묘묘한 현상들을 보는 것만으로도 나는 축복 받은 사람이다. 삶에 충실했기에 가능한 것이다.

산과 들이 저렇게 찬란한 빛을 연출할 수 있다는 것은, 여린 잎을 밀어 올리는 단풍나무의 저 위대한 활동이, 우리가 배척하고 꺼려하는 호랑이 새끼의 저 귀여움이…. 빛이 없다면 생각해 낼 수 없는 것들이다.

그러한 색채를 내기 위한 빛의 고통은 그래서 위대하다. 겨울에서 봄으로 넘어오는 대지의 색채, 봄에서 여름으로 건너가는 초록의 향연, 여름에서 가을로 뛰어가는 황금의 노래, 가을에서 겨울로 치닫는 백조들의 군무 등이 그렇다.

자연도 자신을 안으로 살피는 일에 게을리 하지 않는다. 그리하여 사막이 되어가고 황무지가 되어가는 자연을 아름다움으로 채색한다.

자연은 나에게 영원한 모성이며 위대한 교사다. 그 나름의 질서를 내포하고 있다. 그 질서 속에 빛이 있다. 그 빛으로 하여 시를 만들고, 곡을 만들고, 침묵을 만들고, 사상을 만든다. 그러한 것을 기초로 하여 위대한 사상이나 정신이 움트고 자란다.

얼마 전 산판악에서 4시간여를 걸어 도착한 백록담의 위용, 올라가면서 섭렵하게 된 상고대의 그 찬란한 위용들도 모두 빛의 고통에서 연유한 것들이었다.

내 삶을 아름답게 해주는 결정적 요소들도 색채들이었다. 녹색에서 초록으로 다시 황금으로의 진화도 생각해보면 색채들의 도움이었다.

세상의 모든 것들의 형성도, 미의 추구도 알고 보면 빛의 고통이 만들어낸 결과물이었다.

내 스스로 만들어냈다고 성취했다고 자부하던 것들도 알고 보면 스스로 만들어낸 것이 아니었음을 알고 실소를 금치 못한다. 겸손하면서 고개도 떨구고 항상 감사하는 마음으로 살아가라 이르는 중대한 가르침이었다.

내가 지금 인간다움을 지니는 것도….

나의 생활신조랄까?

나에게 닥쳐온 불행의 책임을 남에게 돌리지 않는다. 나에게 다가온 어려움이나 불행에 대해 책임을 인정하지 않는다는 것은 옳지 못한 행동이다. 대개의 사람들은 그런 환경에 처하면 궁지에서 벗어나 편한 마음을 갖기 위해 그 책임을 다른 사람에게 돌린다. 자기의 일에 대하여 스스로 책임을 진다는 것은 자기 잘못을 인정해야 하는 것이므로 결코 쉬운 일은 아니다. 한 번 두 번 남의 탓으로 돌리다 보면 책임을 떠넘기는 건 좀처럼 떨쳐버릴 수 없는 습관으로 굳어지게 되어 고질병이 돼 버린다. 참으로 불행한 일이다.

진심만을 말하며 산다. 상대의 환심을 사면서 진심으로 다른 사람을 칭찬하면, 상대는 늘 기분 좋게 느끼고 나에 대해서 좋은 감정을 갖게 된다. 어떤 사람들은 칭찬은 아부와 다름없는 것이라고, 상대를 마음대로 움직이려는 얄팍한 술책이거나, 무언가를 얻어 내려는 아첨이라고 말한다. 칭찬과 아부는 엄청난 차이가 있다. 칭찬은 진심이 뒷받침되어 나오는 관심이다. 칭찬을 할 때는 칭찬 그 자체 외에 다른 의미를 부여하지 않는다면 상대를 기분 좋게 만든다, 칭찬의 말을 들어 싫어할 사람이 어디 있는가? 칭찬은 고래도 춤추게 할 뿐더러 아무리 어려운 일도 주저 없이 나서게 하는 마력을 발휘한다.

잘난 체 하지 않는다. 잘난 체 하는 것은 여러 면에서 바람직하지 않다. 잘난 체 행동하면 자신을 도와줄 수 있는 사람들로부터 고립된다. 혼자서도 충분히 잘 해낼 수 있는 것처럼 보이면, 사람들은 나를 도와줄 필요가 없다고 생각한다. 완벽한 사람이 어디 있는가? 그러다가 화를 자초한다. 그것뿐인가? 하나둘씩 나를 떠난다. 지나치게 잘난 체하면 이로울 게 없다. 벼는 읽을수록 고개를 숙이고, 과일도 익으면 자신의 몸을 아래로 아래로 늘어뜨린다.

내가 갖고 있는 모든 것에 감사하는 마음으로 산다. 내 스스로 행운을 만들기로 마음먹었으니 지금껏 내가 이룬 것들을 열심히 돌아보고 그것에 감사하는 마음으로 사는 것이다. 건강, 가정, 가족의 사랑, 내 재능과 기술에 고마워하는 마음이 있기에 불행에 괴로워하거나 일이 뜻대로 되지 않는다고 포기하거나 실망하지 않을 것이다. 나에게 찾아오는 행운의 분명한 유형을 알고, 더 많은 행운을 만드는데 주력할 것이다. 거저 생기는 행운은 없다.

단정하게 차려 입는 일에 소홀하지 않는다. 단정하고 화려하게 차려입는 것은 내가 얼마나 유행을 잘 따르는지, 얼마나 돈이 많은지를 보여 주는 것이 아니다. 나를 보는 사람들을 기분 좋게 만드는 것이다. 색상이나 잘 어울리는 옷차림은 사람들을 심리적으로 기분 좋게 만들어주는 효과가 있다. 내가 단정하게 매력적으로 차려 입으면, 보는 사람들의 감각이 적극적으로 자극을 받아 나에 대해 호감을 갖게 된다. 지금은 공직에서 물러난 상태다. 그러하기에 더욱 신경을 써야 한다. 공직에 있을 때의 정장차림에서 크게 벗어난 옷차림은 나에게도 좋은 인상을 주지 못하지만 다른 사람들에게는 더욱 큰 의미로 작용한다.

아무리 어렵고 기분 나쁜 상황에서도 인내하는 습관을 가질 것이다. 운 좋은 사람들이라고 생각해 온 사람들은 항상 자신을 발전시키기 위해 노력하고 일의 마감시간을 중요하게 여겨왔다. 참고 견뎌내다 보면 반드시 좋은 순간이 도래한다. 오르막이 있으면 내리막도 있다는 것은 철칙이다. 그 내리막길에서 불평과 불만을 토로한다면 좋은 것을 얻을 확률은 낮아진다. 운전할 때 다른 사람이 끼어들거나 뒤에서 크락션을 크게 울려대도 '무슨 사연이 있어 그러하겠지.'하고 이해할 것이다. 그렇지 않고 그 사람에게 들리지도 않는 '된소리'를 질러대다 보면 내가 스스로 스트레스를 받아 어려움에 처한다.

질투심과 거리를 둘 것이다. 일상생활에서 자기 파괴적인 감정이 질투심이다. 질투를 하면 스스로 고통스러울 뿐 아니라, 적극적인 에너지를 쓸데없이 소모해서 실수하게 되고, 결국엔 나에게 주어진 좋은 운과 기회를 놓치게 된다. 내가 할 수 없는 것은 아예 쳐다보지 않는다. 고급 운동에 신경 쓸 필요가 없다. 나보다 훨씬 잘 사는 사람들을 올려다보며 살 필요도 없다. 분복대로 사는 것이다. 나보다 못한 사람은 또 얼마나 많은가. 운 나쁜 사람들은 다른 사람의 행운에 배 아파하고 인색하게 군다. 순리를 중요시하는 것이 나 자신의 미래에 대해서도 좋게 작용한다는 것은 재론할 여지가 없다.

매사 마음을 편히 가질 것이다. 급하게 일을 처리하다 보면 실수할 확률이 높다. 서두르지 않을 것이다. 마음을 편히 먹고 차근차근 처리하다 보면 안 될 일도 순조롭게 풀리게 된다. 내일은 내일의 태양이 뜬다. 삶이 뜻한 대로 굴러가지 않을 때는 어쩌다 힘든 날일뿐이라 생각하고 받아들일 것이다. 그렇지 않으면 미쳐버릴지도 모른다. 오늘이 너무 힘들다면 내일은 더 밝은 날이 기다릴 것이다. 당장 해결할 수 없는 문제가 한숨 자고 나서 한 발짝 물러나 보면 쉽게 풀리기도 한다는 친구들의 얘기를 믿을 것이다.

행복은 스스로 운이 좋다고 믿을 때 찾아오는 것이기에.

제4부

내 안의 노고지리

내 삶에서 소중히 지켜야 할 네 가지

지금까지 살아오면서 내가 깨달은 바는 여러 가지가 있지마는 그 중에서도 이 네 가지만큼은 소중히 지켜야 하지 않을까 하는 생각이다. 삶의 마지막 순간에 후회하게 될 것들을 미리 점검하고 한 번 더 생각해 보는 것은 의미 있는 일이다. 마지막 순간에 간절히 원하게 될 것들을 지금부터 미리미리 준비해 놓는 현명함을 발휘할 일이다. 암 환자는 암 때문에 죽는 것이 아니라 절망 때문에 죽는다 하지 않는가.

사람과 사람 사이에는 믿음이 바탕에 깔려야 그 관계가 오래 지속된다. 믿음이 결여된 결과는 사상누각에 불과하다. 믿음은 영광의 불사신이다. 불신은 건축물을 기울게 한다. 한 번 지으면 백 년은 넘게 가야 하는데 믿음이 부족하면 몇 달 만에도 붕괴된다. 부부지간도 등 돌리면 남이라는데 남과 남 사이에 있어서랴.

이럴 때 피는 것은 꽃이 아니라 희망이다. 덕을 쌓으면서 사는 삶이 좋다. 그렇게 살다 보면 죽어서 이름을 남긴다. 그런 철학을 가슴에 쟁여놓고 살자. 그런 정신으로 덕담만을 즐겨해 주는 사람이 되고 싶다.

약속은 법이다. 법은 지켜야 할 사람들이 한정되어 있는 게 아니라 모두가 지켜야 할 경전 같은 것이다. 나는 약속을 잘 안 지키는 사람을 가장 싫어한다. 약속을 잘 지키지 못하는 사람은 어떤 것에서도 믿음이 안 간다.

열심히 덕 쌓고 한 방에 허무는 재주, 약속을 지키지 않는 것도 일조하는 것이라 보면 된다. 친구와의 약속을 어기면 우정에 금이 간다. 자식과의 약속을 어기면 존경이 사라진다. 기업과의 약속을 어기면 거래가 끊어진다. 그래서 나는 메모를 해가며 약속을 지키는 습관을 체질화하고 있다.

하지만 꼭 지키지 않아도 크게 문제가 되지 않는 약속도 있다. 그것은 바로 나 자신과의 약속이다. 약속을 어겼다는 사실을 아무도 모르기에, 그리고 그때 그때 쉽게 스스로를 용서해 주기에 나는 자신과의 약속엔 부담을 느끼지 않는다. 그러나 내가 나를 못 믿는다면 세상엔 나를 믿어줄 사람이 없다. 나 자신과의 약속은 우선하여 지키는 것이 좋다. 어쩌면 가장 중요한 약속인지도 모른다.

나이 들어 늘려야 할 것이 인간관계다. 친구는 많을수록 좋다. 자기의 목숨까지 내줄 수 있는 친구가 많다는 것은 잘 살아왔다는 증거가 아닌가. 항상 남을 높이고, 자기를 낮추는 겸양지덕을 발휘할 때 인간관계는 더욱 돈독해진다.

인간관계가 잘못 되면 형수가 제수가 되고, 제수가 원수가 된다. 북어를 방망이로 치면 부들부들해진다. 인생도 부들부들해져야 한다. 인생은 에스라인이다. 세상살이가 늘 만족함으로 채워지는 것은 아니다. 굴곡이 있는 것이다. 인간관계의 중요성은 여러 번 강조해도 지나침이 없다. 낮추고 낮추는 게 좋다. 좋은 친구일수록 고맙다는 말을 하는데 인색하지 말 일이다. 그런 말을 입에 달고 살고 싶다. 그리고 시간만 나면 덕담으로 상대를 푸근하게 해주고 싶다. 친구의 부족분까지 사랑하는 것이 친구를 오래 내 곁에 두는 지혜다. 다양한 사람을 만나 인연을 쌓으며 삶을 조금씩 완성해가는 인간관계가 바람직한 인간관계다.

상대의 마음을 제대로 헤아릴 때 가슴속에서는 활화산이 탄다. 마음이란 원래 정체가 없는 것이다. 친구나 동료, 가족이 어려움을 겪을 때 내가 그 마음을 먼저 제대로 헤아려주면 상대는 감동한다. 감동시키는 것은 별 것이 아니다. 내가 그 사람의 품속으로 들어가면 된다. 그리고 더 중요한 것은 만 명의 친구를 사귀는 것보다 한 명이라도 적을 만들지 않는다는 소신으로 사는 일이다. 교만해서는 안 된다. 돈 많은 사람보다 맘에 맞는 사람하고 취미생활을 같이 하는 것도 좋다. 현모양처보다 전(錢)모양처가 좋기만 한 건 아니다. 가진 자가 먼저 베푸는 것이 순서이다. 통달한 사람은 매사에 힘주는 법이 없다. 내 마음을 상대방에게 주되 상대방을 소유한다는 마음을 버리는 것이 우선이다.

이 네 가지는 깨질 때 소리는 나지 않지만 큰 고통을 주는 것들이다. 멋지고 아름다운 노후를 맞이하기 위해 평생 지켜야 할 소중한 것들이다. 가장 인간성이 좋은 사람은 남에게 피해를 주지 않는 사람이다. 성숙은 곧 유연함이다. 꼿꼿한 대나무는 바람을 거스르다 부러지지만 유연한 갈대는 바람 부는 대로 휘어져 끝까지 살아남는다. 고난의 강을 건널 때마다 따뜻한 손 내밀어주는 그런 사람들이 그립다.

살면서 한번 놓치면 돌아오지 않는 것들

인생길은 일단 지나가고 나면 다시는 되돌아올 수 없는 나그네길이다. 42,195㎞를 달리는 마라톤은 반환점이 있다. 반환점을 돌아 출발지점까지 먼저 들어와야 승리의 월계관이 주어진다. 인생길은 반환점이 없는 되돌아올 수 없는 길이기에 멋지게 살아야 한다. 후회는 인간만이 누리는 특권임과 동시에 전혀 가치 없는 철학이다.

먼저 시간이다. 이제 고희를 바라보는 시점에서 지나간 세월들을 반추해 본다. 반 세기 가까운 세월 동안 공직에 있었다. 2,30대 때의 천금 같은 시간들을 요긴하게 잘 활용했다는 생각이 든다. 그렇지만 인간의 욕심은 끝이 없는 관계로 지금에 와 생각하면 좀 아쉬운 부분도 있었다는 게 솔직한 심정이다. 그렇지만 후회는 없다. 위를 바라보면 까마득하고, 아래를 바라보면 그래도 내려다볼 만하지 않았던

가. 지금은 천천히 익어가는 술처럼 그윽한 인생의 향을 풀어내고 있으니 다행이다. 나이 들면서 가장 넉넉해지는 재산은 시간이라는 생각이다. 노화는 육체적 쇠퇴의 한 과정이며 세월의 흐름과 함께 진행된다. 이젠 받아들이면서 시간을 적절히 사용해야 한다.

나이 들면 불청객이 찾아온다. 그것은 병이다. 나에게 찾아온 병의 첫 번째 치료는 받아들이는 것에서부터 시작하련다. 내가 생각하는 노년은 잔잔한 호수를 떠가는 나룻배다. 나룻배는 동력이 거의 없다. 젊은 날에 모두 소진했기 때문이다. 조금 남아 있는 힘으로 저어야 하는 나룻배는 천천히 갈 수밖에 없다. 배의 속도에 맞춰 주위 풍경도 천천히 흘러간다. 평소 보지 못한 많은 것들에 눈길이 닿고, 작은 소리도 가깝게 들려온다. 나무의 푸른 이파리, 나무에 둥지를 튼 새들의 지저귐, 일렁이는 물결, 그리고 노를 젓는 내 손등에 도드라진 힘줄까지 새로운 의미로 다가온다.

세상은 내가 가고 싶은 길 앞에 레일을 깔아주지 않는다. 나와 함께하는 사람들과 정겨운 대화로 시간을 보낼 일이다. 이상적인 대화는 명령이 아닌 부탁이다. 명령과 지시는 거부를 부를 뿐이다. 나의 과거 잘잘못을 줄줄이 사탕처럼 쏟아내 봤자 소용없는 일이다. 긍정의 생각들만 지니고 살 일이다. 긍정의 에너지는 삶이 좋은 쪽으로 흐르도록 하는 마력을 갖고 있다. 진정한 긍정의 고수만 오늘 어떤 일이 일어나든 잘 견딜 것이라고 생각하는 사람이라는 말이 있지 않은가.

말은 한번 내 입에서 나가면 쓸어 담을 수 없는 것이다. 그래서 말을 할 때는 신중해야 한다는 얘기가 나온 것 같다. 삼세 번 생각해서 말하고 듣는 사람의 반응까지를 생각해서 말해야 후회가 없다. 말이 많으면 쓸 말이 적다는 조상님들의 가르침도 새겨들어야 한다. 말 한마디 잘못 내뱉어 고전하는 사람들을 한두 번 보아왔는가. 말 잘하는 법이 있다. 해야 할 말과 하지 말아야 할 말을 구분하여 하는 것이다. 적어도 하지 말아야 할 말만 안 해도 성공이다. 상스러운 말, 상대가 제일 싫어하는 말, 남과 비교하는 말, 인격을 무시하는 말, 상대를 헐뜯는 말, 폭탄선언, 유머 없는 대화, 비비 꼬는 꽈배기 말, 사람을 죽이는 독 있는 말 등을 하지 않는 것이다. 분명한 말은 오해를 남기지 않는다. 확실한 '예스'와 '노'는 연습해야 잘할 수 있다. 아무리 좋은 말이라도 강요와 지시, 잔소리처럼 일방적으로 쏟아내는 것은 대화가 아니다.

일생 중 나한테 좋은 기회는 몇 번이나 왔을까를 생각해 본다. 호기를 놓치면 평생을 후회한다. 삼각지점에서 고민하게 될 때는 명석한 두뇌와 예리한 판단력이 요구된다. 그 좋은 기회를 잘못 선택했다고 생각하면 복장 터질 일이다. 사업이 잘 될 때 더 나은 수익 창출의 기회가 나에게 왔는데 허송세월로 그냥 흘려버렸다면 어쩌겠는가? 좋은 기회는 다시 온다는 보장이 없다. 천생배필감의 여자를 그냥 돌려보내고 겪어야 할 고통을 생각하면 세상 살맛이 사라진다. 세상은 암흑 그 자체가 된다.

재미의 세계가 넓으면 넓을수록 행복의 기회가 많아지며, 운명의 지배를 덜 당하게 된다고 러셀은 말했다. 이제 목적지까지 거의 온 마당에 나이 드는 것을 위해 '선행학습'을 할 일이다. 자신이 하는 일에 만족하면 그것이 제일이다.

내 삶의 마지막 모습이 나쁘게 기억되지 않기를 바랄 뿐이다. 시간을 아껴 유효적절히 활용하면서 밝은 얼굴로 생활하고 부드러운 말투를 쓸 것이다. 게으르지 않고 이기적으로 행동하지 않을 것이다. 나에게 주어진 호기를 흘려버리는 우를 범하지 않은 것이다.

부끄럽지 않은 삶이란 시류에 휩쓸리지 않고 스스로 옳다고 생각하는 가치에 부응하며 성실하게 살아가는 것이다.

인생 황금기

강연에 나가 주로 하는 이야기 가운데 하나가 '인생의 황금기는 바로 지금'이라는 내용이다. 나는 지금이 내 일생 중에서 가장 행복한 시기라고 자신 있게 말한다. 다섯 살이면 다섯 살이 황금기고, 칠십대면 칠십대가 황금기다. 나는 대여섯 살 때 머리를 크게 다쳤었고, 고등학교 3학년 때 신경쇠약으로 고생했지만 죽지 않고 살아서 행복했다. 이십대에는 확실한 직장을 잡으면서 어엿한 사회인이 됐다. 삼십대엔 경제적으로 힘들었지만 아내와 아이들의 따뜻한 가족애가 있었기에 행복했다. 사십대가 넘어서는 과중한 일에 지치기도 했지만 승진을 하면서 새로운 기쁨을 맛보기도 했다.

돌아보면 매 시기가 행복이고 황금기였다. 죽음이 코앞에 와있는데 뭐 그리 행복하냐고 반문할지도 모르겠지만, 죽음이 오기 전까지

나는 언제나 인생의 황금기를 살고 있다고 믿으며 살 것이다. 아침에 눈을 뜨면 가장 먼저 '와! 눈떴구나! 하하하' 하고 쾌재를 부를 것이다. 내가 쓸 수 있는 인생의 시간은 지금 이 순간에도 팍팍 줄어들고 있다. 걱정이 잔뜩 묻어 있는 얼굴을 환하게 바꿀 일이다. '수다대학 행복학과' 학생이 될 일이다. 나는 아직 살아 있는 행복한 존재다. 톨스토이는 노년에 이탈리아어를 배우기 시작했다. 나도 지금부터 시작이다. 열심히 읽고, 스포츠도 즐기고, 인간관계도 더욱 두텁게 쌓아갈 것이다. 은퇴는 기차를 갈아타는 것이다. 정확한 환승지점에서 갈아타야 후회가 없다는 것을 알기까지는 시간이 조금 걸렸다.

청년의 가장 큰 미덕은 '모른다.'는 것과 '미래가 있다.'는 것 두 가지다. 꿈을 밀고 가는 힘은 이성이 아니라 희망이며, 두뇌가 아니라 심장이다. 청년시절부터 간직해 왔고 나의 모든 가능성을 지금 다시 펼쳐 보일 시간이다. 나에겐 아직도 무한한 가능성이 있다. 그 가능성을 스스로 믿는 만큼 성공하고 행복해질 것이다.

머리에서 발끝까지 나를 빛나게 할 것은 바로 자신감이다. 당당하게 미소 짓고, 괜한 초조감으로 말을 많이 하지 않고, 어깨를 펴고 활기차게 걷는 것만으로도 충분히 자신감을 얻을 수 있다. 승자가 즐겨 쓰는 말은 '다시 한 번 해보자.'이고, 패자가 즐겨 쓰는 말은 '해봐야 별 수 없다.'이다. 꿀벌은 꽃 속에 들어가서 약 7초 내지 15초 동안 꿀을 채취하는데 정말로 최선을 다한다 하지 않는가.

좋은 생각이 좋은 행동을, 좋은 삶으로 이끌어 준다. 열 살 때는 스무 살의 마음을 모르고, 30대에는 중년의 마음을 이해하지 못한다. 좋은 생각으로 최선을 다하는 이의 가슴에는 가을이 아니어도 열매가 여문다. 지금 이 순간을 사랑해야 할 이유다.

세월의 흐름에 따라 인간은 익어간다. 인간의 몸은 기계와 비슷해서 쓰지 않으면 녹이 슬고 굳으면서 퇴화한다. 가족 가운데 노인이 있다면 그 가족은 보석을 가지고 있는 것이다. 그런 의미에서 나 자신도 무척 값이 나가는 보석이라 자부하면서 살아가고 있다.

노인 한 사람이 죽으면 도서관 하나가 불에 타 없어지는 것과 같다. 나라 전체로 따지면 얼마마한 손해인지 생각해 볼 일이다. 청춘 시절은 힘들고 불안하고 어렵고 두려움에 찬 시기였지만 지금은 아니다. 불가에 '지금 내가 선 자리를 꽃방석으로 만들라.'는 말이 있다. 과거도 미래도 보지 말고, 지금만을 보라는 말이 아닌가 생각된다.

내 인생은 순간이라는 돌로 쌓은 성벽이다. 재미있는 거 하고, 맛있는 거 먹고, 가고 싶은 데 다 가보면서 사는 것이 행복이다.

인생은 '여기'와 '지금'이다. 행복을 즐길 시간과 공간은 바로 지금, 여기다. 톨스토이가 말한 대로 '지금 하고 있는 일을 사랑하라. 지금 이 순간을 사랑하라. 지금 만나는 사람을 사랑하라.'라는 정신으로 살고 싶다. 머피(부정적)와 이혼하고, 샐리(긍정적)와 결혼해서 살고 싶다.

오늘을 나에게 남은 생애에서 가장 젊은 날로 기억되게 하고 싶다.

흙을 뒤적이다 흙이 될 사람들

세상의 모든 번뇌 다 내려놓고 자연 속으로 들어가 사는 사람들이 있다. 그들의 삶을 방송을 통해 보면서 생각해 본다. 오지마을. 아니다. 오지마을보다도 더 깊은 곳에 있다. 그곳에서 딸랑 자기 혼자 살고 있다. 사람 사는 세상까지 내려오려면 도보로 한두 시간 발품을 팔아야 하는 곳이다. 전기도 없고 수도도 없다. 세상 소식은 알 길이 없다. 소나무 가는 잎새 몸 부비는 소리 등에 업고 살아가는 그들의 삶, 바람이 읊어대는 경전 소리에 처마 끝 풍경소리가 애간장을 녹일 때도 있지만 그렇게 편안할 수가 없다 한다. 그들도 한때는 잘 나가던 때가 있었다.

사업실패는 인생실패로 이어졌다. 인생실패는 친구를 버리고, 가족을 버리고, 세상을 버리고, 덕지덕지 묻었던 육신의 때까지 훌훌 벗어버리고 가벼운 새가 되어 그곳까지 찾아들게 했다. 컨테이너 박스로 지은 집도 아니다. 움막이다. 구름이 지나는 산을 잡아 집 삼아 하룻밤을 보내는 그들의 삶이지만 그렇게 행복해 보일 수가 없다. 세상 실패로 들어온 사람들만이 아니다. 건강이 따라주지 않아 들어온 사람들도 있다. 자연과 함께 사는 삶에서 그들은 자신들이 가지고 있는 것을 내려놓는 법을 이미 익힌 듯 했다.

쇠스랑으로 살짝 파고 씨 뿌리면 어느새 연둣빛 싹을 피워 올리는 자연 앞에서 할 말을 잊는다. 시간이 날 때마다 '사랑한다.', '나하고 인연 맺게 되어 고맙다.' 하고 인사하면 더욱 튼실하게 자라단다. 가지 한 이랑, 고추 한 이랑, 상추며, 쑥갓이며, 시금치들이 얼마나 잘 자라주는지 식사시간이 즐겁다. 풋마늘을 고추장에 찍어가며 먹는 찬밥이지만 그 속에서 행복을 느낀다.

그것뿐인가? 자연에서 채취하는 각종 산나물과 각종 열매들, 뿌리채소까지 모든 것들이 자연인들의 삶을 즐겁게 한다. 냇가로 나가면 물고기들의 경연장, 많이도 필요 없다. 잠깐 넣었다 건지는 어항 속 물고기들의 그 경쾌한 몸놀림에 자연인의 몸도 리듬을 탄다. 붕어를 그대로 푹 삶은 물은 인삼보다 더 치고, 빠가사리 백숙은 어느 보약보다 더 치고, 쏘가리 쓸개를 곰 쓸개보다 더 치며 살아가는 삶이 부럽다.

가끔씩 먼 데 불빛이 모여 반짝이는 눈 시린 강물을 바라보며 떠나온 도시사람들을 생각하다가도 자연으로 눈길을 돌리면 그렇게 편안할 수가 없다 한다.

거짓과 허영을 하나씩 내려놓고 말 그대로 도사가 되어 그곳에서 살고 있다. 푸르게 병든 마음을 추스를 수 있는 삶이 그들의 삶이다. 욕심이 없다. 그 날 그 날의 생활이 즐겁다. 자연은 베풂의 도사라는 것을 이미 알았다. 욕심 부리지 마라 가르친다. 바람이 불러주는 이야기를 받아 적으며 산다. 내일 먹을 것은 내일 준비한다. 미리 채취하고 수렵하여 쌓아놓지 않는다. 보관할 곳도 없다. 자연은 말 그대로 자연냉장고요 자연창고다.

가을이 되면 산과일나무 붉은 열매들이 절망을 익히는 법을 가르쳐 준다. 가끔씩 꿈을 훔치러 오는 도둑(?)들이 있을 때 그들과도 정겨운 대화를 나눈다. 잦은 웃음과 긍정적인 생각들이 그들의 몸을 점점 건강하게 만든다. 실바람이 빈 마당을 굴러 물 길으러 갈 새벽길을 청소해 준다. 그들은 남은 세월 흙을 뒤적이다 흙이 될 것이다.

고은 시인의 말대로 '올라갈 때 보지 못한 그 꽃 내려갈 때 보인다.'는 사실을 깨우친다. 모든 물은 시냇물이 되었다가 강물이 되고, 강물이 되었다가 바닷물이 된다. 바다는 이 세상의 모든 물을 조건 없이 다 받아준다. 낮은 곳에 살다보니 타인의 아픔도 가슴으로 이해한다. 내가 먼저 상대보다 낮은 곳으로 임함을 먼저 실천해야 상대의 아픔을 진정으로 이해한다는 것을 깨닫고 사는 사람들이다.

겨울이면 잔기침처럼 내리는 눈, 두툼한 집을 지으려 한없이 공터를 덮어준다. 그러면 자연인은 가슴까지도 하얗게 이불을 뒤집어쓰고 평안의 호수에 흠뻑 빠져든다.

먼 길 돌아가는 인생

새들뿐이랴. 닭들도 그렇다. 소화를 위해 모래나 작은 돌들을 먹는다. 그 모래나 작은 돌들은 위에서 음식물을 잘게 부수는 역할을 한다.

새들은 음식의 소화를 돕기 위해 모래를 먹는다. 인간도 새들처럼, 제 육신 안에 깃든 미움이나 분노, 원망 같은 것들에 갇히지 말고 모래를 삼키는 새처럼 삼킬 수 있어야 자유로워진다. 누구나 제 몫의 모래를 삼켜야 편안한 삶을 유지할 수 있는 것이 인생이다.

아픔을 견뎌낸 후에야 비로소 자유로워지고 성숙해진다. 아픔이 닥쳐왔을 때 그걸 받아들이는 지혜를 발휘함은 성공적인 삶을 약속받은 거나 다름 아니다. '하필이면 나한테, 하필이면 우리한테…' 이런 말은 함부로 쓸 일이 아니다. 누군가는 당해야 하는 것인데 나에게 배당되었다 함은 오뚝이 같은 인생을 살라는 계시를 받은 것이나 다름없다. 그러니 고맙게 받아야 한다는 말이다.

삶의 군데군데에 자리하고 있는 사랑의 아픔과 상처는 인간을 진정한 삶의 길로 안내한다. 사랑으로 아픔을 겪어본 사람만이 알 수 있는 세계가 따로 있다. 아픔을 모르고 어찌 자신을 인격자로 만들 수 있다 생각하는가.

지식이나 상상만으로는 알 수 없는, 경험으로만 알 수 있는 세계가 있다. 그렇게 알아내고 나서야 인간은 성숙해진다. 그렇게 성숙해지면 말과 행동에 힘이 실린다. 위엄이 생기고 존엄한 인생관으로 주위로부터 추앙을 받게 된다.

세상엔 완벽한 준비란 없다. 삶은 어차피 모험이고, 그 모험을 통해 내 영혼이 성숙해지는 학교다. 실패만큼 좋은 삶의 선생은 없다.

혼자 너무 멀리 돈다고 조급하게 생각할 필요가 없다. 겪을 것은 겪어야 안다. 멀리 돌아야 많이 보고, 많이 듣고, 그래야 많이 안다. 인생이란 먼 길을 돌아가는 한 편의 서사시가 아니던가. 흔히 우리는 돌아가는 인생에 가여운 눈빛을 보낸다. 무지에서 시작되는 우매한 인간이나 하게 되는 어리석은 행동으로 치부한다. 그런 사고를 가진 사람이 실은 어리석은 사람이다.

산은 삶의 위안처이며 수양의 도장이다. 언제든지 스스럼없이 찾을 수 있는 생활공간이다. 입산(入山)은 정복하기 위한 것이 아니라 쉬고 어울리기 위한 것이다. 인생도 그렇다. 무슨 일을 정복해내고야

말겠다는 사고는 위험천만한 생각이다. 주어진 상황에 순응하면서 돌고 돌아가는 것이 현명한 인생살이다. 아픔도 고통도 슬기롭게 이겨내면서 돌아가다 보면 아픔과 고통을 잊을 수 있다. 새로운 인생으로 태어날 수 있다. 조급함이 인생을 망친다. 우매한 인간이기에 그걸 모른다.

천국으로 가는 길은 좁고 멸망으로 가는 길은 넓다. 칼을 쓰는 자는 결국 칼로 망한다. 이삭 줍는 마음으로 사는 삶이 좋다. 독선과 아집의 색안경을 벗어던져야 세상이 바로 보인다. 위에 견주면 모자라고 아래에 견주면 남는다. 어디에 견주느냐에 따라 아픔도 고통도 승화된다.

마음에 아픔과 슬픔과 상처의 갈등을 가져보지 않은 사람이, 육체의 고통과 괴로움을 겪어보지 않은 사람이, 어떻게 삶의 깊이와 높이와 넓이를 알며, 어떻게 남의 아픔을 헤아리고 참 사랑과 참 기쁨과 참 평화와 참 만족과 참 자유를 누릴 수 있을까.

조금 늦더라도 완벽한 삶이 좋다. 조금 돌아가느라 시간을 허비한다 해도 그런 삶이 행복한 삶이다.

내 안의 노고지리

어린 시절 보리밭이나 밀밭에 살며 '지지배배' 우짖던 노고지리(일명 종달새) 생각이 불현듯 난다. 참새보다 조금 더 크며, 붉은 갈색에 검은색 가로 무늬가 있는 새이다. 보리바심이 한창일 오월 말이나 유월 초쯤이면 참새와 함께 높이 날며 나에게 비상의 꿈을 심어주던 새다.

동창이 밝았느냐 노고지리 우지진다.
소 치는 아이는 상기 아니 일었느냐.
재 너머 사래 긴 밭을 언제 갈려 하느뇨.

남구만이 지은 시조다. 동창이 밝았으니 어서 일어나 하루 일과를 시작하라고 노고지리가 알려준다. 비상이란 뭔가? 하늘을 나는 일이다. 날개를 맘껏 펼치는 일이다. 꿈을 꾸고 있는 자만이 이룰 수 있다. 꿈의 날개를 갖고 있는 사람만이 창공을 날 수 있다. 아무리 큰 날개를 갖고 있어도 날고자 하는 의지가 없으면 날 수 없다.

꿈이란 무엇인가? 꿈은 바람(願)이다. 도달하고자 하는 목표다. 나는 어려서 농촌에서 자랐다. 푸르름과 함께 자라나 누르름과 함께 한 해를 마감하고 푹신푹신한 이불 같은 눈을 바라보며 꿈을 키웠다. 이듬해 오월쯤이면 어김없이 노고지리들이 나타나 내 몸에 꿈을 키우도록 자극을 주었다. 그 날렵한 몸동작, 무리 지어 오르내리면서 원무로 보여주는 고공 비행, 저공 비행은 국군의 날 공군조종사들이 보여주는 에어쇼보다 더 훌륭했다.

나는 그 비행의 모습을 보며 세계를 날아보고 싶은 꿈을 키웠다. 평생 외길을 걸으며 동량지재를 길러내는 일에 소홀하지 않았다. 교육은 백년지대계가 아니던가. 금방 결과로 나타나는 것이 아니기에 더 기다려보고자 한다. 반 평생을 그 길에서 나는 한 번도 후회해 본 적이 없다. 바람은 사랑이다. 사랑은 바람(願)이다. 이 일 이외에도 하느님에게서 받은 남매를 제대로 키워낸 것도 그 사랑의 바탕이었으리라.

첫딸을 얻었을 때의 그 환희, 무어라 말할 수 없을 정도의 희열, 나를 닮은 딸이 아장아장 걷기 시작했을 때의 그 감개무량도 모두 노고지리에게서 얻은 철학의 소산이었으리라.

그리고 이 년 후 아들의 출현은 나에게 또 다른 희망의 선물이 되었다. 그 아이들이 커가는 모습에서 나는 매일 감동하고 탄성을 지르는 아빠로 지혜를 더 성숙시켜가는 기쁨을 누렸다.

그 아이들이 이제 두 명씩의 손자손녀를 나에게 안겨주었으니 어이 아니 기쁘랴. 이제 큰 아이가 초등학교 6학년이고 그 밑으로 2~3년의 간격을 두고 아름다운 세상에서 멋진 율동을 보이며 자라고 있다. 그 애들이 어떤 일에 도전할 때 내 의무는 용기를 주는 일이다. "도전을 무서워하지 마라. 자신과의 싸움에서 이겨내는 것이 진정 승리하는 길이다. 할아버지의 가슴속에서 날고 있는 노고지리의 꿈은 너희들의 꿈이기도 하다."라고 일러주는 일이다.

가던 길도 계속 가야 새 길이 보인다는 중국속담도 곁들여준다. 그래서 그런지 한 번 하고자 마음 먹으면 행동에 옮기는 것은 오뉴월 엿가락 구부리는 것보다도 더 쉽게 실천한다. 노고지리가 나의 가슴에 심어준 확실한 가르침, 그 여린 듯하면서도 강인한 모습의 노고지리는 지금도 내 가슴속에서 늙지도 않고 잘 자라고 있다.

세계는 너희들의 훈련장이고 연습장이다. 아무리 어려운 일이 앞길을 막는다 하더라도 마음속에 잠재해 있는 노고지리의 비상의 꿈을 생각하면 쉽게 풀릴 것이다. 꿈이라는 날개는 날고자 하는 의지를 보일 때만이 실현될 수 있다. 내 어릴 적 세상문을 열게 한 노고지리의 '지지배배'가 오늘도 내 가슴속에서 파닥이고 있다. 자식들과 손자들에게도 그 노고지리의 힘찬 율동과 비상을 그대로 심어주고 싶다.

행복의 커트라인

낮은 곳이면 어디든 흘러가는 물처럼 행복은 호화로운 저택에도 들어가지만 쓰러져 가는 초가집에도 마다하지 않고 들어간다.

행복에는 커트라인(조건)이 없다. 일정 수준에 도달해야 행복하고, 그렇지 않으면 불행하다는 커트라인이 정해져 있지 않다.

행복은 아무나 그것도 아무 때나 느낄 수 있는 것이고, 그것을 느끼는 횟수에도 제한이 가해지지 않는다.

그럼에도 불구하고 행복을 느끼지 못하는 것은 스스로가 아주 높은 행복의 커트라인을 정해 놓고 살아가기 때문이다.

불행에 젖어 사는 사람들은 명백한 행복의 커트라인을 정해놓고 있다. 초호화 저택 같은 보금자리를 마련해야만, 최소한 몇 억 대의 자가용을 굴려야만, 떡두꺼비 같은 아들을 얻어 성공시켜야만, 자식이 일류 대학에 진학해서 '사(士)' 자 직업을 가져야만 하는 등의 명백한 커트라인을 정해놓고 산다. 그렇지 않으면 불행하다고 스스로가 인정해 버린다. 바보 같은 생각이다.

그러니 어떻게 행복이 찾아들 수 있겠는가? 진정으로 행복을 느끼고 싶다면 어떠한 수준에 도달해야만 행복해질 수 있다는 행복의 커트라인을 정해 놓지 말아야 한다. 이미 정해져 있다면 과감히 지워버려야 한다.

행복의 커트라인을 정해 놓는 것은 행복을 불러들이는 것이 아니라 내쫓는 것이 되는 어리석은 짓이다. 행복의 커트라인이 정해지는 순간 그 수준에 도달하지 못하는 행복은 느껴 보기도 전에 달아나 버리고 만다.

외지로 유학 갔던 고교시절, 고향에 왔다가 저 멀리 보이는 완행버스를 타기 위해 달려가는 어머니와 내 마음은 뛰는 다리보다 앞서갔다. 그래도 행복했다. 달려오는 완행버스를 보면서 뛰는 마음은 쫓기는 두 마리의 짐승이었다. 땀이 눈을 가리고 등짝이 척척했다. 가까스로 탄 버스가 고갯마루를 넘어 완전히 모습을 감출 때까지 나는 몸은 고사하고 눈동자 하나 움직이지 않고 계실 어머니를 향해 부동자세로 서 있었다.

하숙집에 도착하여 큼직큼직하게 써 부친 편지를 등잔불 아래에서 돋보기를 낀 채 읽고 계실 어머니를 생각하는 건 하나의 기쁨이요 환희였다.

달리는 완행버스를 따라잡던 그 의지, 그러나 그 의지의 반쯤은 어머니가 함께 뛰어준 힘이었다. 행복이란 게 뭐 별 것이던가? 내가 행복하다 느끼면 그게 행복인 게지. 행복은 누리는 것이 아니라 느끼는 것이다. 가꾸는 것이다. 규격화된 행복은 어디에도 존재하지 않는다.

푸른 강심 위에 낚싯대를 드리우고 있는 사람은 세월을 기다리는가? 아니다. 보낸 세월을 반추하며 행복에 젖는 것이다. 눈이 부시게 파란 하늘이 파도처럼 넘실대는 강심 위에서 행복과 연애하고 있는 것이다.

겸허한 마음으로 일체를 버리지 않고는 결코 자유로울 수가 없다는 진리를 배울 일이다.

한번 가면 다시 오지 못하는 인생길

세월이 빠르다는 것은 누구나 느끼고 있는 사실이다. 나이를 먹으면 그 사실이 더욱 확연해진다. 젊은 시절에는 세월이 흐르는 것을 실감나게 느끼지 못했다. 그런데 지금은 아니다. 70대는 70㎞로 달리고, 80대는 80㎞로 달린다고 하는 선배들의 말이 맞는다.

'인생은 왕복표를 발행하지 않기 때문에 한번 출발하면 다시는 돌아올 수 없다.'는 프랑스 로망롤랑이 한 말이 생각난다. 그렇다. 한번 지나간 세월은 되돌릴 수 없다. 그러하기에 오늘에 모든 것을 맞추어야 한다. '내일 하자.'는 말은 통하지 않는다. 오늘을 소홀히 보낸 사람은 후회할 수밖에 없다.

누구나 알고 있는 사실이지만, 무심결에 잊고 지내왔던 말이어서 그런지 내 가슴에 따끔한 충고로 다가온다. 왕복표가 발행된다면 더

없이 좋은 일일 터이지만 말이다.

지금도 우리는 다시 돌아올 수 없는 길을 가고 있음에도 불구하고, 마치 언제라도 쉽게 돌아올 듯이 가볍게 가고 있다. 하긴 그러한 사실을 모르고 사는 것이 현명한 삶인지도 모른다.

이 길로 가는 것이 맞는지, 이 사람과 함께 가도 괜찮은지? 우리는 여러 가지 경우의 수를 생각해 봐야 하는 데도 기분에 따라 이리저리 왔다 갔다 한다.

한참 시간이 흐른 뒤에야 '아, 그때 그 사람 얘기를 듣는 것이 아닌데.' 하면서 후회하게 된다. 그때 비로소 다시 돌아갈 수 없다는 사실에 큰 상실감과 견딜 수 없는 아픔을 느낀다.

그렇기 때문에 우리의 행보는 한 걸음 한 걸음 신중해야 한다. 인생길은 다시 되돌아 올 수 없는 일방통행로이기 때문이다. 외나무다리는 건너기도 힘들지만 다시 돌아오기는 더더욱 힘든다. 하물며 인생길에 있어서야 더 말해 무엇하랴.

인생은 정해진 멜로디가 없는 즉흥 재즈 음악과도 같다는 생각이다. 삶 속에서 모든 변수를 내가 조정할 수 없는 것이니, 주어진 상황 속에서 내 스타일을 찾아 내 음악을 만들며 살아가는 것이 현명한 삶의 한 방법이다.

오늘 따라 우중충하고 을씨년스런 날씨, 하나 둘 먼저 떠난 친구들의 얼굴이 떠오른다. '자고 나니 친구가 떠나고 없더라.'는 말이 실감난다. 그래서 비 오는 날 빈대떡 부쳐놓고 막걸리 마시며 앨범을 들여다보지 말 일이다. 오래 전에 마련해 놓은 앨범을 들여다보고 있노라면 그 시절 일들이 파노라마 되어 흐르는 것까지는 좋지만 단체사진 중에 이 빠진 곳을 발견하고는 눈시울을 적시기 때문이다. 둘이 찍은 사진 중에 상대방이 없거나, 셋이 찍은 사진 중에 가운데 자리한 웃음이 유난히 많았던 사람이 지금 통화할 수 없는 상황이라는 걸 발견하면 허전하고 허무함을 느끼게 된다.

그렇다. 나이를 먹은 사람들은 모두가 붉게 불타는 황혼녘을 바라보고 있다. 언제 헤어진다는 기약 없는 우리의 하루 하루, 서로 위로하고, 용서하고, 안아주면서 건강하게, 행복하게, 당당하게, 자신 있게 살면서 아름다운 삶을 마감할 수 있다면 그보다 나은 삶도 없을 것이다.

엊그제 태안해변에서 바라본 낙조는 너무나 아름다웠다. 스마트폰으로 찍은 것이지만 의미 있는 사진이 아닐까 생각해 본다. 조그마한 섬 위에 걸터앉아 이제 자기는 물속으로 사라질 것이라는 작별인사를 하는 것 같았다. 아쉬움을 달래주기 위해 갈매기들도 주위를 빙빙 돌아주고….

태양과 섬과 바다와 하늘과 갈매기들이 고상한 멋을 이끌어내기 위해 어깨동무를 하고 있는 모습이 그렇게 아름다울 수 없었다.

두 시나리오의 차이

나에게 일어나는 사건들 중 내 의지와 관계없이 결정되는 것은 약 10% 정도다. 나머지 90%는 내가 어떻게 반응하느냐에 따라 결정된다. 나도 그렇고 대부분의 이웃들도 그렇다. 예외가 없다. 우리는 세상의 모든 일을 자신의 의지대로 할 수 있다는 위험천만한 생각을 갖고 있다. 그렇기에 사심은 과욕을 낳고, 과욕은 패배를 낳는다.

내 인생에서 일어나는 10%는 통제불능인 것들이다. 이러한 사실을 깨우치기까지 육십 년 넘는 세월이 소요됐다. 자동차가 고장 나는 것을 막을 수 없다. 아무런 예고 없이 찾아오는 고장을 어떻게 막을 수 있겠는가? KTX가 달리는 도중에 고장이 나 멈추는 바람에 중요한 회의장에 도착하지 못하는 것도, 내 차 앞에 다른 차가 끼어들어 브레이크를 밟게 되는 것도 어쩌지 못하는 것들이다.

그러나 나머지 90%는 다르다. 내가 운전하면서 신호등을 빨간불로, 초록불로 조작할 수는 없다. 하지만 내 반응은 조정할 수 있다. 나는 내 반응을 통제할 수 있다. 조상님들은 '참을 인(忍)' 자가 셋이면 살인도 면한다 했다.

친구들과의 모임 자리에서 기분 좋게 술 한 잔 하면서 담소를 나누고 있는 중이다. 한 친구가 술이 거나해지면서 갑자기 안하무인이 된다. 친구들에게 불쾌하게 대한다. 이 세상에 자기가 제일이라는 듯이 마구 떠들어댄다. 한 친구도 나서서 제지하려는 사람이 없다.

그 때 한 친구가 나서서 화를 내고 욕을 하면서 주정하는 친구를 윽박지른다. 주정하던 친구는 임자 만났다는 듯이 더 큰 소리로 그 친구한테 덤벼든다. 그 친구는 주정하는 친구를 더 큰 소리로 윽박지르면서 다른 친구들에게 그냥 바라만 보고 있다고 비난한다. 더 큰 말싸움으로 발전된다. 그 친구가 발소리를 요란하게 내며 일어나 주정부리는 친구를 떠민다. 둘이 맞붙어 실랑이를 벌인다.

판은 깨어지고 다른 친구들이 자리를 뜨기 시작한다. 모임이 시작된 지 얼마 지나지 않았는데 남은 사람들은 서너 명으로 줄었다. 호흡이 거칠어지고 눈빛도 사나워진다. 친구들이 말려 말다툼을 끝내고 집으로 돌아오는 길도 마음이 편하지 않다. 교통신호도 안 지킨다. 집에 돌아와 영문도 모르는 아내한테 시비를 건다. 씻지도 않고 잠자리에 들었지만 잠이 오지 않는다. 그 친구의 하루는 이렇게 엉망진창으로 마감된다.

왜 그럴까? 그 친구가 오늘 보여준 반응 때문이다. 그 친구는 왜 나쁜 하루를 보냈을까? 모임이 원인이었나? 주정하는 친구가 원인이었나? 술이 원인이었나? 자신이 원인이었나? 그렇다 마지막 자신이 원인이었다.

그 친구는 주정부리는 친구의 행패에 대해서는 아무런 통제를 하지 못한다. 그러나 그 친구가 보인 단 몇 초 간의 반응이 그 친구의 나쁜 하루를 만들었다. 그 친구가 보였어야 하는 반응은 이랬어야 한다. 주정하던 친구가 모임 중에 취한 채로 몽니를 부린다. 좌중은 그의 행동에 어안이 벙벙해진다. 그 친구는 "야, 친구야, 왜 이러나. 앉아서 조용히 얘기하자."라고 말한다. 그리고는 주정부리는 친구의 행동을 유심히 관찰한다. 주위의 반응이 없으니 제풀에 꺾여 톤이 낮아지고 말수도 줄어든다. 그 때 더욱 가까이 다가가서 어깨를 다독이며 "오늘 낮에 무슨 일이 있었니? 술이나 한 잔 더 하자."라고 말한다. 그래서 분위기는 반전되고 아무 일도 없었던 듯 모임은 차분히 정리되며 종료된다.

두 가지 시나리오의 차이는 확연히 다르다. 둘의 시작은 같았다. 그러니 둘의 끝은 너무도 다르다. 자신이 어떻게 반응하느냐에 따라 달라지기 때문이다.

누구나 인생의 10%로 일어나는 사건들을 통제할 수 없다. 나머지 90%는 자신이 어떻게 반응하느냐에 따라 달라진다.

유리컵을 깨뜨렸다고 화를 내고 욕을 할 필요가 없다. 그러다 보면 자신의 하루가 망쳐지게 된다. 화를 낼 시간에 유리컵을 깨뜨린 사람에게 위로의 말을 건네주고, 그 주위를 깨끗이 쓸면 된다. KTX가 연착되어 자신의 스케줄이 엉키게 되었다고 승무원에게 화를 낼 필요도 없다. 그는 그 일에 대해 어떻게 할 수가 없다. 신경질 부릴 시간에 음악을 듣거나 신문을 보면 된다.

자신이 받고 싶다면 주는 것을 먼저 배워야 한다. 내가 주면 빈손이 되는 것처럼 느낄 수 있지만 사실은 그 반대가 된다. 삶을 사랑하는 사람들은 그 마음속에 따스한 사랑을 담고 있는 것이다.

남자 예찬

이른 아침에 집을 나서는 사람이 있다. 어깨가 움츠러드는 날씨에 다시 집에 돌아가 웃옷을 걸쳐 입을까 생각하다 '아, 귀찮아' 하는 생각에 그냥 직장으로 향한다. 그러다가 입이 심심해 담배 한 개비 태워 물려고 호주머니를 뒤지니 라이터가 없다. '에이 집도 가까운데 들어가서 가지고 오지' 하는 단순한 생각을 하고 있는 사람이 남자다.

사무실에서 둘이 있는 시간이 많다 보니 임의로운 처지에서 '닌 어쩌면 그렇게도 자유분방하게 생겼냐?'란 말에 충격을 받아 맨날 눈물 흘리며 식음을 전폐하는 아가씨가 애처로워 자기 사람으로 만들어 살림을 차리는 단순한 사고의 소유자가 남자다.

오늘 아침 출근길에 어느 라디오 방송 MC가 들려준 얘기 두 도막이다. 이런 단순한 생각을 하고 있는 남자들이 있기에 세상은 리드미컬하면서도 신이 나게 톱니가 돌아가는 것은 아닌지 모르겠다.

그렇다. 단순한 생각을 하고 있는 남자들이 있기에 세상은 덜컹거리지 않고, 삐걱거리지 않고 잘 돌아가는 것이다.

남자, 나도 남자다. 나도 단순사고의 소유자다. 복잡한 게 싫다. 더우면 웃옷을 벗고, 추우면 더 껴입는다. '왜?'라는 생각을 많이 하게 되면 머리가 복잡해진다. 그러나 중요한 일에 대한 기획에서는 반드시 그런 것은 아니다.

여자는 오랜 동안 사귀던 사람과 헤어지게 되는 경우 눈물을 흘리면서도 거울을 보는 여유(?)를 갖는다는데, 남자는 그러한 경우 한숨을 쉬며 가슴을 친단다. 단순하기 때문일까.

다른 면에서 남자는 시원한 그늘을 제공해주는 느티나무며, 변함없이 한 우물을 파는 공사장의 인부이다. 넓은 가슴으로 애잔한 슬픔도 녹일 줄 아는 용광로며, 수묵화 속에서 기백을 자랑하는 낙락장송이다.

남자는 잘 닦여지지 않은 땅속의 원석일 수 있으나 절차탁마의 제련과정을 거치고 나면 천군만마도 이끌 수 있는 위대한 지도자로 변모한다. 다만 지혜 있는 여자(?)가 옆에 존재한다면.

밥상을 들고 방에 들어가면서도 여자는 세 번 변한다고 한다. 반면에 남자는 한 마디를 하기 위해서도 세 번을 생각한다 하지 않는가. 신중을 기하기 위해서다.

이끼 낀 돌다리를 건너는 데에도 세심한 주의를 기울이는 사람이 남자요, 인류 최고의 과학을 초월하는 생의 향기인 정을 누구보다도 가슴에 담뿍 담아 가지고 있는 사람이 바로 남자다. 오뉴월에도 서리를 내리게 한다는 한(恨)을 품은 여자의 가슴을 포근하게 감싸주어 녹여주는 여유는 그런 남자의 가슴에서 나온다.

가슴에 몇 개의 반짝이는 별을 간직하고 있는 사람이 또한 남자다. 스케일이 크고 불의를 보면 참지 못하는 기개를 갖고 있는 사람도 바로 남자다.

국화처럼 고매한 일생을 마치고자 하는 사람이 바로 남자다. 호젓한 산사나 강가의 풀꽃에서 아름다움을 찾아내어 그리움과 연결고리를 만드는 사람이 바로 남자요, 한 점 예술품 앞에서도 한 동안 고개를 돌리지 못하는 여린 마음을 갖고 있는 사람이 바로 남자다.

여자의 머리 모양이 바뀌었을 때나 갯장어 같은 걸 먹고 싶을 때, 화장실에 가고 싶을 때나 화장을 고치고 싶을 때를 적절히 눈치채주는 사람이 바로 남자다. 남자는 분위기를 맞출 줄 안다.

남자가 뿌린 눈물만큼 사회도, 국가도 자란다. 진정한 도전이 히말라야를, 에베레스트를 정복하게 했다. 남자만이 갖고 있는 용맹이요, 탐험가적 기질이요, 불굴의 의지가 아니겠는가?

질투가 많은 여자는 자기가 두려워하는 상대가 사라지기를 은근히 바란다. 그러나 자존심이 강한 남자는 다르다. 그 적이 살아서 자신의 승리를 끝까지 보아주기를 바란다.

남자의 상상력이 한 번 발동하면 실로 천단만회를 불러일으킨다.

인생을 더듬으면 충만한 사색이 흐르고, 산하를 더듬으면 풍부한 감정이 시공을 치닫는다.

백지 위에 난을 치면 향이 발산하고, 좌대 위에 한 점의 수석을 올려놓으면 메아리가 날아와 친구하자고 반긴다. 누구나 감히 따를 수 없는 남자만이 가진 능력이다.

공작은 아름다운 빛깔의 옷을 입었지만 멀리 날지 못한다. 그러나 참새의 옷은 공작에 비해 보잘것없는 빛깔이지만 하늘을 비상하는 능력을 가지고 있다. 굳센 의지를 지닌 남자와 무엇이 다르랴.

남자의 가슴을 보라. 보디 빌더의 가슴을 보라. 무쇠 줄이라도 끊을 것 같은 강인한 조직의 근육을 보라. 세상을 다 휘어잡을 수 있는 패기가, 용기가, 기개가 그 속에 자리하고 있다. 건축에 쓰이지도 못하는 해수욕장의 흰모래가 아니라 싹을 틔우고, 식물을 자라게 하는 옥토의 황금빛 물결이, 자애가 그 속에 자리하고 있다.

그것뿐이 아니다. 남자의 가슴엔 산이 존재하고 바다가 자리하고 시가 자리한다. 그러하기에 슬픔을 나타낼 때에도 여자는 눈물로 울지만 남자는 가슴으로 운다.

유명세를 가슴에 지니고 살아가는 사람 중에 이런 얘기를 한 사람이 있었다. '남자로 태어나서 평생 해보고 싶은 것이 세 가지'가 있다고. 그 첫째는 오케스트라 지휘자요, 그 둘째는 야구 감독이고, 그 셋째는 장군이라고.

단순한 사고를 하고 있다지만 남자들이 이루고자 하는 공통 심리를 적절히 표현한 말이 아닌가 생각한다. 게다가 끝까지 포기하지 않는 끈기까지 곁들여 가지고 있음에랴.

이런 남자이기 때문일까 한혜진은 '오늘 따라 보고 싶어 너무 보고 싶어…. 내가 미워도 한눈 팔지 마 너는 내 남자'라면서 놓아주지 않겠다고 몸부림친다.

남자는 날개가 물에 젖어 더 이상 날 수 없는 나비처럼 자존심이 땅에 짓밟히지만 않는다면 이루지 못할 일이 없을 만큼의 능력을 소유하고 있다.

날이 밝기 시작하면 하늘은 갑자기 푸른빛으로 서기를 보낸다. 그것도 하루 종일 말이다. 푸른색은 무엇을 상징하는가? 그건 바로 다름 아닌 희망이고 비전이다. 이런 푸른빛을 언제나 몸 속 가득 간직하고 있는 사람이 남자다.

세상은 용감하고 존경스럽고 강인하며 의리를 아는 그런 대상들로 가득 차 있다. 그래서 좋은 것이다. 미래가 보이지 않는가. 찬란한 미래가.

단순한 사고를 한다는 남자, 그렇지만 그런 남자들이 있기에 세상은 살맛이 나는 것이다. 빙글빙글 삐걱거리지 않고 잘 돌아가는 것이니. 남자 파이팅이다.

노후의 행복한 삶을 위한 조건
— 아내

아내란 청년에겐 애인이고, 중년에겐 친구이고, 노년에겐 간호사다. 그런 아내가 있었기에 내가 지금까지 요만한 행복이라도 누리며 살 수 있는 것이요 어려움 모르고 살아온 것이다. 더욱이 지금은 나이 들어 기댈 곳이라곤 아내밖에 더 있는가? 악처가 효자보다 낫다는 말을 실감하는 요즘이다.

아내란 아무리 생각해도 소중하고 존경스런 사람이다. 지금까지 나를 위해 모든 것을 희생하며 살아온 수호천사이다. 먹을 것 제대로 먹지 못하고, 입을 것 제대로 입지 못하면서 오직 남편을 위해 베풀기만 한 베풂의 천사이다. 한 그릇에 밥 비벼 먹고 같은 컵에 입을 대고 마셔도 괜찮은 사람으로 살아오지 않았는가?

허리 아프고, 속 아프고, 혈압과 당뇨로 고생하는 움직이는 종합병원인 아내라도 옆에 있으니 다행으로 알고 잘해 줄 일이다. 생각하면 고맙고 감사하고 소중한 사람이 아내 말고 또 누가 있으랴.

내 허물 덮어주고, 부족한 점 채워주고 도와주고, 늘 칭찬해 주고, 격려해주는 내 스승 같은 사람이 바로 아내가 아닌가 말이다. 나, 아내에게 작은 행복을 선사한다. 늘 환한 웃음으로 마중 나와 환희의 벅찬 가슴 담아 전할 수 있는 그런 행복을 선사하는 내가 되고 싶다.

둘이면서 하나이고, 반쪽이면서 미완성인 서로가 하나가 되어 살아온 것이다. 그러하기에 앞으로 모진 말 하지 말고, 심사숙고하여 참고 배려하면서 살아야 할 일이다. 그간 좋을 때도, 싫을 때도, 미울 때도 있었지 않은가. 이제는 계속 예쁘게만 보아야 할 사람이다.

나이 들어 황혼 이혼하는 사람들을 가끔 본다. 지금까지 4~50년 해로하면서 서로를 이해하지 못하고 결국은 갈라서는 사람들에게도 이유는 있을 터이다. 무슨 일이건 잘못에는 원인이 있다. 한때의 분을 참지 못하고 발산하는 경우 큰 화를 자초한다. 나이 들어가면서, 남자에게 꼭 필요한 다섯 가지 중 첫째가 배우자가 있어야 한다는 것이 아닌가. 그 첫째 배우자 중의 첫째는 마누라요, 둘째는 아내이며, 셋째는 애들 엄마이고, 넷째는 집사람이며, 다섯째는 와이프다. 이걸 다른 말로 나타내 보자. 결국은 아내라는 말이다.

아플 때 같이 아파하고, 기쁠 때 같이 기뻐하는 참 좋은 사람, 힘들 때 먼저 손 내밀어 잡아주고, 아플 때 할머니 약손처럼 어루만져 주는 참 좋은 사람, 그렇게 서로 등불이 되고 믿음이 되고, 행복이 되는 언제나 참 좋은 사람, 그렇게 참 좋은 사람이 바로 아내다. 무슨 이해 못할 일이 생겨 헤어져야만 하는가? 그렇게 좋았던 사람과의 헤어짐을 어찌 수용할 수 있겠는가?

따지고 보면 별것 아닌 일 가지고 서로 틀어져서 그렇게 되었을 것이다. 조금만 이해하면 될 일을 쌓아놓고 쌓아놓고 하다 보니 퇴적되어 굳어져서 다시는 펼 수 없는 것으로 되어버리지 않았겠는가? 사람의 마음이란 참으로 간사한 것이어서 잘할 때는 간도 쓸개도 다 빼주다가도 한번 틀어지면 남보다도 못한 사람이 되는 것이다.

그간 혼자 취침하는 일도 있었을 것이고, 공동의 관심사나 취미를 만드는 일에도 소홀했을 것이다. 함께하는 취미를 만든답시고 등산하는 데 데리고 가서는 몇 시간 동안 부인에게 한 말이라고는 '빨리 와.' 뿐이었다는 얘기를 들은 적이 있다. 그 후로 사이가 더 나빠졌음은 물론이다. 그런 사이가 아니었을까 하는 생각이다.

힘들고 고달픈 삶이라지만 내 곁을 지켜 주는 좋은 사람이 있어 더욱 좋다는 생각으로 배려해 주었다면 이런 일이 일어났을까? 공기의 소중함을 모르듯이 같이 있을 때는 잘 모르다가 한쪽이 되고 나면 그 소중하고 귀함을 절실하게 느끼게 된다.

그래서 그런지 요즘은 '늙은 남편'을 조롱하는 농담이 넘쳐난다. 일본에서는 '비 오는 가을날 구두에 붙은 낙엽' 신세로 비유된다. 아무리 떼어내려 해도 달라붙는다는 말이다.

여성은 남편 있는 쪽이, 남편 없는 쪽보다 사망 위험이 두 배 높았고, 남성은 그 반대로 부인 있는 쪽이 더 오래 살았다. '늙은 남편이 아내에게 의존하는 경향이 높기 때문'이라고 했다. 아내와 같이 사는 남자가 수명이 더 길다는 말이다. 아내는 수족관의 상어와 같은 존재다. 남편이 늘 긴장하며 살도록 돕는다. 아내에게 감사해야 한다. 오랜 부부생활을 지속하기 위해서는 최소한 일주일에 한 번은 진지한 대화의 시간을 갖고, 공동의 취미생활을 하며, 따뜻한 관심을 보이고, 서로에게 편지를 쓰고, 집안일을 함께하고, 부부만의 공간을 만들고, 지난 앨범을 함께 보고, 둘만의 여행을 실천하는 것도 좋을 것이다.

아내한테서 나는 많은 것을 배웠다. 사랑하다 보니 사랑하는 법을 배우고, 사랑하며 살다 보니 멋지게 살아가는 법을 배웠다. 아주 소중한 사람이다.

사는 날은 지나침도 모자람도 모르다가 '당신 만나 참 행복했소.'라고 말하며 함께 눈을 감을 수 있다면 얼마나 좋으리오.

노후의 행복한 삶을 위한 조건
– 건강

건강은 아무리 강조해도 지나침이 없다. 내가 어렸던 시절에는 아침에 만나면 인사가 '진지 잡수셨습니까?'였다. 아주 못 먹고 지내던 시절이었다. 닭고기 한 그릇 먹으려면 가족의 생일날이나 명절 때뿐이었다.

평균 수명이 80세를 넘어선 우리 사회에서 이제는 오래 살되 어떻게 남의 도움을 덜 받고 건강하게 살아 갈 것인가 하는 건강 수명이 주요 화두가 됐다. 세계보건기구(WHO)는 운동 부족, 잘못된 식습관, 흡연과 음주를 노년층 만성질환의 최대 적으로 꼽고 있다.

식습관, 흡연, 음주는 생활습관만 바꿔나가면 개선해 나갈 수 있지만 운동은 규칙적으로 자신의 몸을 움직여야만 신체적 균형을 유지해 나갈 수 있다. 건강을 유지하기 위해 운동을 좋아하지 않더라도 주 3회 이상 30~40분씩 빠르게 걷는 것 하나만으로도 건강을 충분히 유지해 나갈 수 있다.

하루에 적어도 4천보씩 속보로 걷자. 그러면 병원 방문율을 20~30% 줄일 수 있다. 50대를 출발선에 일렬로 세우고 걸어오라고 할 때 늦게 오는 순서대로 먼저 여행을 떠난다 한다. 속도가 늦은 사람이 치매에 걸릴 확률이 높다. 1분에 120보 정도 걸어야 한다. 또 평소에 많이 걷는 습관을 갖는 것이 중요하다. 노년기의 지속적인 몸의 움직임과 걷기 운동은 WHO가 추천하는 가장 손쉬운 운동으로 자신의 건강유지는 물론이거니와 병원 방문 횟수를 줄여 주는 예방책으로 이미 증명된 바 있다.

건강을 유지하기 위해서는 이외에도 얼마든지 있다. 자주 웃고, 노래를 부르는 것도 좋다. 사람들과 어울리고, 웃으면서 노래를 부르면 스트레스 해소는 물론 우울증이나 대인공포증, 불안 장애치료에도 도움이 된다. 물론 악기 연주를 함께 한다면 금상첨화이다.

콧노래로 흥얼거리는 것도 좋다. 콧노래는 기도는 물론 콧속의 공기 흐름이 빨라져 축농증 예방에 효과가 있다. 심지어 감기로 코가 막힌 경우에 콧노래를 부르면 효과를 볼 수 있다는 것이 전문가들 조언이다.

그리고 충분한 수면을 취하는 것이다. 잠은 체내 면역체계를 유지하는 필수 요건이다. 수면 시간은 의견이 분분하지만 사람마다 조금씩 차이가 있다. 아침에 일어났을 때 잘 잤다는 느낌, 낮에 졸리지 않을 정도가 자신에게 가장 알맞은 수면 시간이다.

아파보면 달라진 세상인심을 알 수 있고, 늙어보면 달라진 세상인심을 알 수 있다는 말이 있다. 나이 들어 잃어버린 세월을 복구하는 것도 소중하나, 다가오는 세월을 잘 관리하는 것은 더 소중하다.

몸이 건강하지 못하면 세상 온갖 것들은 의미가 없다. 오늘도 산소호흡기에 자신의 모든 것을 의지한 채 질긴 생명의 끈을 놓지 못하는 사람들을 본다. 쉬면 쉴수록 늙는다. 앉아 있으면 앉아 있을수록 쉽게 늙는다.

우리가 흔히 가볍게 생각하는 정신건강도 마찬가지다. 긍정적으로 세상을 본다. 동전에 양면이 있다는 사실을 믿게 된다. 감사하는 마음으로 사는 것이 좋다. 생활에 활력이 된다.

하루 세끼를 맛있게 천천히 먹는다. 먹는 것은 건강의 기본이자, 즐거움의 샘이다. 먹는 것보다 더 큰 희열도 없을 듯하다. 그리고 상대의 입장에서 생각한다. 그러면 다툴 일이 없어진다. 다투다 보면 스트레스를 받게 된다. 건강을 해치는 주범이다.

누구라도 칭찬하는 일에 게으름을 피우지 않는 것이 좋다. 칭찬하는 만큼 내게 자신이 생기고 결국 그 칭찬은 내게로 돌아와 나를 건강한 사람으로 만들어 준다.

원칙대로 정직하게 산다. 거짓말을 하면 죄책감 때문에 불안해지기 쉽다. 건강을 해치는 요인이다.

때로는 손해 보며 사는 삶도 좋다. 내 마음이 편하고 언젠가는 그것이 큰 것으로 변해 돌아온다.

내 주위에 그렇게 사는 친구들을 많이 본다. 그들의 얼굴은 동안(童顔)이다. 동안은 저절로 만들어 지는 게 아니다.

제5부

내 삶은
내가 만들어가는 것이다

다섯 가지 끈을 가지고 살 수 있다면

사람은 끈을 따라 태어나고, 끈을 따라 맺어지고, 끈이 다하면 죽게 된다. 끈은 길이요. 연결망이다. 좋은 끈이 좋은 인맥, 좋은 사람을 만든다. 학연, 지연, 혈연을 강조하고자 하는 얘기가 아니다.

꺼끌꺼끌한 사람이 되지 않는 일이다. 주위 사람들이 내게 주는 충고다. 보기 좋은 떡이 먹기뿐 아니라 맛도 좋다. 모난 돌은 정 맞기 쉽다 하지 않는가. 인격이 성숙되면 세련되게 입고 밝게 웃고 자신감 넘치는 태도로 매너 있게 행동한다. 외모가 미끈하고 성품이 매끈한 사람이 되면 남녀노소가 다 좋아한다.

물 잔에 떨어진 물감 한 방울이 물 잔의 색깔을 바꾼다. 세상을 바꾸는 내 색깔은 어떤 색으로 정할까를 생각한다. 어떤 색깔로 희망을 주고, 기쁨을 주고, 긍정의 에너지를 줄까를 생각한다.

오기 있는 사람이 되고자 한다. 어찌어찌하여 세상에 태어난 몸이다. 죽으면 썩을 몸이다. 물에 술 탄 듯 술에 물 탄 듯 살면 안 된다. 우유부단은 성공하는 데 걸림돌이다. 실패란 넘어지는 것이 아니라 넘어진 자리에 머무는 것이다. 넘어졌으면 빨리 일어나야 한다. 동트기 전이 가장 어두운 법이니 어려운 순간일수록 오히려 발끈하는 삶이 좋다. 적극적으로 대처하면 못 이룰 일이 없다.

일화 한 도막이다. 정조의 총애를 받던 다산 정약용은 정조가 승하한 뒤 20년 가까운 귀양살이를 했다. 그 기간 그는 돌부처처럼 앉아서 저술에만 힘쓰다 보니 방바닥에 닿은 복숭아뼈에 세 번이나 구멍이 뚫렸다 한다. 과골삼천(踝骨三穿)이란 말은 여기서 비롯되었다. 후대에까지 빛나는 저술을 남길 수 있었던 것은 그의 천재성이 아니라 오랜 시간 끈기 있게 매달린 결과였다.

미적지근한 사람이 되는 것을 원하지 않는다. 어느 기업체를 방문했을 때 내 시야에 확 들어온 문구가 있었다. 어찌 생각하면 섬뜩하게 느껴질 수도 있는 문구였지만 자세히 살펴보니 그게 아니었다. '누군가 해야 할 일이라면 바로 내가 하고, 언젠가 해야 할 일이라면 바로 지금 하고, 어차피 할 일이라면 화끈하게 최선을 다해 바로 처리한다.'라고. 눈치 보지 말고 소신껏 행동하는 사람, 엉뚱하면서도 창의력 있게 행동하는 사람, 내숭 떨지 않는 화끈한 사람을 사회는 요구하고 있다.

삶의 날씨는 늘 좋을 수만은 없다. 구름 낀 날도 많고, 돌풍이 부는 날도 있다. 그러나 그 날씨에 따라 춤을 출 수만은 없다. 그날그날의 희로애락에 흔들리지 않고 인내와 도전정신으로 화끈한 삶을 산다면 이루지 못할 일이 없다.

용서할 줄 아는 사람은 어디를 가든 환대받는다. 실수나 결점이 없는 사람은 없다. 그렇다면 그건 절대자인 신이다. 다른 사람을 쓸데없이 비난하지 말고 질끈 눈을 감아주는 아량을 베푸는 것도 살아가는 한 방법이다. 한번 내뱉은 말은 다시 주워 담을 수 없으니 입이 어지간히 간지러워도 참고, 보고도 못 본 척 할 수 있는 사람이 되는 것이 좋다. 동창회나 어느 모임에서 자리에 없는 사람을 도마 위에 올려놓고 난도질을 하는 것처럼 비겁한 사람도 없다.

어제 있었던 일을 돌아보며 지울 것은 지우고, 털어낼 것은 털어내면 하루가 행복하게 시작된다. 사람 사이에 다친 마음도 용서로 치유하고, 사람 사이에 닫힌 마음도 용서로 풀어내면 모든 것이 새로워진다. 용서는 참 좋은 것이다.

따뜻한 사람이 환대받는다. 손이 따스한 사람보다는 가슴이 따스한 사람이 좋다. 매사 계산적인 차가운 사람이 아니라 인간미가 넘치는 사람이 많으면 많을수록 사회는 윤택해진다. 털털하면서도 인간미가 넘치는 사람, 가슴이 메마르지 않는 사람, 가진 것은 적어도 다른 사람에게 베풀 줄 아는 따끈한 사람이 좋다. 식은 밥보다는 따끈한 국수 한 그릇이 사람의 가슴을 녹진하게 녹여준다.

공자의 말이다. '자신에 대하여는 깊이 책망하고, 남에 대하여는 가볍게 책망하면 원망을 멀리할 수 있다.' 그렇다. 나와 내 주위 사람들, 전혀 모르는 사람들에게 똑같은 평가를 내리는 일은 내 영혼의 신장을 키워주는 바로미터다. 이중 잣대로는 환대받지 못한다.

노년다운 품위

벌써 은퇴한 지 5년이 되어간다. 다람쥐 쳇바퀴 돌리듯 돌리는 나의 시간들, 그래도 조금은 할 일이 있어 다행이란 생각이다. 일주일에 한두 번 강의도 하고, 어린이와 청소년, 그리고 무학의 부녀자들에게 내 재능을 기부하는 봉사를 하며 생활하고 있다.

40년 넘도록 다니던 직장의 끈을 놓은 후 나의 차림은 캐주얼로 변했다. 오래도록 입고 맸던 와이셔츠와 넥타이, 그리고 정장들, 매일 옷장에서 부름의 순간을 기대하며 기다리고 있는데 차출이 안 된다고 쏟아내는 볼멘 소리들이 내 귓전을 크게 울린다.

와이셔츠와 넥타이, 그리고 정장의 조화로운 착의를 위해 조언을 아끼지 않던 아내의 활동도 따라서 줄어들었다. 일년에 기껏해야 몇 차례 부름을 받으니 그들도 화가 단단히 났으리라.

며칠 전 단지 내 세탁소 사장을 만났다. 요즘은 세탁물이 전혀 아니 나오니 무슨 변고가 있었느냐고 묻는다. 아니면 자기네 세탁소가 맘에 들지 않아 다른 곳으로 바꿨느냐는 것이다. 내가 은퇴했다는 걸 알지 못하고 있었으니 그런 오해도 할 수 있겠구나 생각했다.

간편한 옷을 즐겨 입다 보니 거의가 스포츠웨어 제품들이다. 이젠 칙칙한 색보다는 환한 색으로 골라 입는다. 빨간색이 주종을 이룬다. 그렇게 차리니 내가 보아도 좀 젊어진 느낌이 든다. 기분이 좋다. 그러다보니 이젠 정장 차림이 오히려 거북할 정도다.

요즘 '삼식이'란 말이 유행이다. 하루 종일 방에 콕 틀어박혀 '방콕' 여행을 즐기는 사람들이 하루 세 끼를 집에서 때운다는 데서 나온 말이다. 삼식이가 되었는데 매일 정장 차림을 한다는 것은 허세란 생각이다.

그렇지만 좀 생각을 해야 한다. 나이가 들수록 품위를 지켜야 한다. 그 품위를 지키는 첫째가 착의가 아닐까 한다. 고급스런 의상을 얘기하는 것이 아니다. 간편하면서도 개성을 드러내며 노년다운 품위를 지키자는 것이다. 그것뿐인가? 몸 관리를 잘 해야 한다. 노년을 노년답게 보내는 첫째는 뭐니뭐니 해도 건강이다. 건강을 잃으면 모든 걸 다 잃는다. 건강 잃고 나서 재산이 무슨 필요가 있으며, 명예는 또 무슨 소용이 있겠는가.

서너 살 된 아이들은 꾀죄죄하게 차려입은 노인을 보면 달아난다. 모습도 깔끔하지 못할뿐더러 몸에서 노인 특유의 향(?)이 발산되기 때문이다. 목욕도 자주 하고 머리 손질, 그리고 겉 매무새까지 제대로 갖추어야 사랑받는다. 이럴 때일수록 천한 모습은 보이지 않도록 노력할 일이다.

가족과 친구들과의 여행, 그리고 맛집 찾기, 가끔씩 노래방에도 가서 끼를 발휘하고, 가볍게 봉사활동도 한다. 이제 내려놓을 것 다 내려놓고 홀가분하게 앞을 내다보며 힘차게 발을 내딛는다.

코앞까지 와 버린 칠십대를 팔팔하게 맞이해야 한다. 나이가 들어간다고 얼굴에 가을 낙엽 쌓이는 것처럼 근심을 달고 살 필요는 없다.

눈썹까지 하얗게 눈이 내린 젊은 노신사인 나는 세월의 선물인 것처럼 얼굴 가득 환한 미소를 담고 있다. 아니, 그런 표정을 만들려 노력하고 있다. 그 미소 속엔 슬픔을 넘어선 고결한 아름다움이 배어 있다. 그렇게 만들어 준 세월에 감사한다. 사람은 세월을 닮는다. 자신도 모르는 사이에 그가 살아온 세월을 닮는다.

서쪽 하늘에 붉게 타오르던 주홍빛 황혼이 서서히 사그라진 아파트 광장의 수은등이 하나둘 불을 밝히기 시작하는 것처럼 내 삶도 그렇게 만들어야 하리라.

어머니만 오래오래 따뜻한 존재이랴. 아버지도 얼마든지 그럴 수 있다. 정호승의 시 '수선화'가 생각난다. '울지 마라/ 외로우니까 사람이다/ 살아간다는 것은 외로움을 견디는 일이다.'라고 했다. 이 나이에 어울리는 의상을 하고 이웃들과 어울리면서 외로움을 느끼지 않고 살아갈 수 있다는 것은 참말로 행복한 일이다.

겨울 진달래의 경고

소복단장한 보문산이 고향처럼 포근하게 느껴져 다가온다. 희끗희끗 첫눈을 이고 선 소나무들이 할아버지처럼 근엄한 모습을 하고 있는 오늘이다. 오늘 오도독 오도독 발 아래 눈을 밟으면서 시퍼런 날을 세운 태고의 솔바람소리를 벗 삼아 사각사각 우산 위에 내리는 눈소리를 들으며 보문산을 오르고 있다.

그런데 이상한 일이다. 기온이 영하로 곤두박질쳤는데 보문산 산행로 이곳저곳에는 분홍 진달래가 활짝 피어 인사를 하고 있다. 10년 전 서산에 근무할 때 부춘산에 올라가다 보면 지금과 같은 상황이 연출되어 괴이하다는 느낌을 받았던 터라 더욱 이상한 생각이 든다. 진달래꽃이 계절에 관계없이 얼굴을 내밀고 있다. 분홍 화장을 한 얼굴로 나를 맞고 있다. 그리움이 분홍으로 각색되어 있다.

봄이면 산행로 주변을 환하게 밝혀주던 진달래가 제 꽃 필 때를 잊어버리고 이 겨울 들머리에 피어난 것을 보고 처음에는 "에이, '시절' 같은 놈"이라고 놀려댔다. 고향에서는 때를 모르고 행동하는 얼간이 같은 사람을 '시절'이라 불렀다.

아니, 진달래가 이 혹한에 피어남은 스스로의 뜻은 아니었을 거라는 생각에 그와 같은 말을 하고 나서 미안한 생각이 들었다. 한겨울 베란다 안에서 꽃을 피우는 식물들이 어디 하나둘인가? 온실 속에서 꽃을 피우고, 하우스 속에서 열매를 맺는 것들이 하나둘이란 말인가?

제가 개화할 때를 잊고 꽃을 피워냄은 지구 온난화 때문이라는 생각이 퍼뜩 떠올라 금방 미안하다는 생각이 들었다. 식물이 꽃을 피우는 데는 빛과 온도와 수분이 중요한 역할을 하는 것이다.

엶에서는 모진 비바람에도 끄덕 않던 나무들이 부드러운 것 앞에 꺾이는 묘리(妙理)를 보여주는데 아뿔싸, 꽃의 향연이라니. 나는 요즘 같은 때 대추나무에 와 걸리는 바람소리에도 몸을 벌벌 떤다. 특히 추위를 많이 타 밤에도 내복을 입고 잔다. 부속품들이 많이 일그러진 상태이기에 그럴 것이다.

그저 꽃 피우기에 알맞은 기온이라 꽃을 피운 진달래에게 무슨 죄가 있는가? 죄가 있다면 온실가스를 마구 배출하여 지구 환경을 파괴하고, 생태계를 혼란에 빠뜨린 우리들이겠다. 주인집 밥 먹은 개가 주인 발뒤꿈치를 무는 격이다. 배은망덕이다. 자연에게 극진한 접대를 받았으면 그만큼 보답을 해야 하는데 우린 그런 면에 너무 소홀했다.

유원지, 운동장 등 많은 사람들이 모였던 자리에는 어김없이 쓰레기들로 몸살을 앓는다. 장마철 계곡의 쓰레기가 호수로 몰려들면 이건 처치곤란이다. 며칠을 그냥 방치해 두면 날파리들의 소풍장소가 된다.

지금 지구는 환경 오염으로 인해 극심한 몸살을 앓고 있다. 북극의 빙하가 녹아내리고, 장마철도 아닌데 장마철 이상으로 호우가 내리는 것은 우리가 지은 업보 때문이 아닐까.

이건 손바닥에 핏멍울이 맺히도록 학자금을 대주신 부모님에 대한 보은이 아닌 부모님 가슴에 못질을 하는 것과 무엇이 다르겠는가? 이런 때 '부처님 여의고 살찌우는 것은 석수 맘대로'라고 한다면 할 말은 없다.

제비가 찾아와서 논어를 읽어주고, 까치가 찾아와서 반가운 소식을 전해주는 그런 세상 만들기는 요원한 일인가? 천지를 창조하신 하느님도 천지만물을 만드는 일을 하셨고, 에덴 동산을 잘 가꾸고 보존하라 하신 것은 자연을 파괴하지 말고 잘 가꾸고 보존하는 일을 하면서 필요한 것을 얻어내라는 인간에 대한 강력한 메시지가 아니었던가.

겨울 산행로에 피어난 저 분홍 진달래는 자연이 우리 인간들에게 보내는 옐로우 카드는 아닐까 하고 생각해 본다.

지는 순간까지도 아름다운 태양

지금에 와 생각해 본다.

갓 잡아 올린 생선처럼 싱싱하게 요동치던 세월도 있었는데, 고교 시절 태권도장에서 이단옆차기, 올려차기를 하는 폼이 너무나 유연하고 멋져 보였었는데. 매주 한 번씩 하던 배구경기에서 스파이크도 꽤 잘 한다 소리를 들었었는데. 지금은 턱걸이 한두 번은 그만 두고 철봉에 매달리는 것조차도 쉽지 않다.

올곧게 뻗은 소나무보다 휘어져 자란 소나무가 더 멋있고 값이 나가는 법이다. 똑바로 흘러가는 물줄기보다 휘청 굽이친 물줄기가 더 아름답다. 일직선으로 뚫린 빠른 길보다는 산 따라 물 따라 가는 길이 더 운치가 있고 아름답다.

내가 자동차를 굴리게 된 것은 자그만치 70년이 가까워온다. 그간

만고풍상을 다 겪었다. 망망대해에 뜬 일엽편주일 때도 있었고, 고봉준령의 바위틈에 가까스로 뿌리를 내린 어린 소나무 신세일 때도 있었다. 협곡의 좁은 길을 운전할 때가 있었고, 광대처럼 외줄 타는 솜씨를 발휘해야 할 때도 있었다. 자전거를 타고 가다 수로에 빠져 허우적거린 때도 있었고, 마라톤을 해야 할 때 단거리 선수인 양 오버할 때도 있었다.

언제까지나 맑은 날만 계속될 수 없고, 곧은 길만 이어질 수는 없다. 때로는 궂은 날도 있어야 가뭄이 계속되지 않아서 사막화도 막을 수 있다. 굽이굽이 힘든 고갯길을 넘어보아야 삶의 의미도 조금은 깨달을 수 있지 않을까.

'낙엽'이라는 단어에는 감성적인 분위기가 물씬 묻어난다. 낙엽 타는 내음에 향수가 느껴지고 낙엽 밟는 소리에 가슴 뭉클한 낭만이 전해 온다. 낙엽에는 이처럼 사람의 심금을 울리는 그 무엇이 있다. 지난 세월을 되돌아보니 모두가 그립게 느껴진다.

기계를 오래 사용하다 보니 요즘은 카센타 출입이 잦아졌다. 하숙집 밥 삼 년 먹으면 뱃속이 다 빈다 했는데 그래서 그런지 내게는 조로현상이 너무 일찍 찾아 온 것 같다. 좌우쪽 어깨 관절이 부실하고 몸속에 결석이 너무 많아 괴롭힘을 당했던 때가 한두 번이 아니다. 눈물샘은 언제 다 퍼냈는지 바싹 말라 있어 눈물을 요할 때 사람 노릇 한 번 못했다.

누가 봄을 젊은이들만의 소유물이라 했던가? 젊은이의 봄은 기쁨으로 차 있는 홑겹의 봄이지만 나이 든 사람의 봄은 기쁨과 슬픔을 아울러 지닌 겹겹의 봄이라는 사실은 왜 모르고 있는가?

비결이 뭐 있겠나. 비바람 불고, 폭설도 내리고 했지만 가끔 해뜰 날이 있었으니 그런 날 바라고 살아온 것이라고 할까나. 바람은 나뭇잎만 흔드는 게 아니다. 내 몸 구석구석에서 나를 떠나겠다 마구 흔들어댄다. 그렇지만 굽이굽이 힘든 고갯길을 넘어 보아야 삶의 의미도 조금은 깨달을 수 있지 않을까 하는 생각으로 자위를 한다.

이제 남은 인생을 멋지게 살아야 하는데 걱정이 앞선다. 웰다잉을 하기 위한 준비에 소홀함이 없어야겠다. 마디마디 기름때가 낀 못 박힌 거친 손이지만 큰 과일을 따려면 많은 자잘한 열매들을 솎아낼 줄 아는 지혜도 갖추어야 한다. 살아감에는 긍정의 힘이 좋다.

이젠 내 몸의 원기는 거의 고갈 되었다는 생각이다. 계절로 따지면 야윈 가슴을 더 아리게 하는 늦가을 오후쯤일까. 천 원 짜리 한 장 없어도 한 겨울을 보내던 그런 적막한 세월도 있었다. 그러니 무슨 일인들 견뎌내지 못하랴.

오늘도 행복한 하루를 만들어야 한다. 고통 없는 삶은 비극이다. 병은 인생을 지혜로 이끄는 선지자라 했다.

누워 있는 곳이 병원인 듯 집인 듯, 여보를 부르다가 간호사를 부르다가 그렇게 내 아픔은 깊어만 갈 게다. 해 묵은 나프탈렌 냄새 풍기지 말고, 말이 천사의 집이고 실버타운이지 애지중지 키워 온 자식들에게 버림을 받고 이 세상에서 쫓겨나 죽음을 기다리는 곳이 실버

타운이다. 그런 곳에 가기 전에 더 많은 행복을 누릴 일이다.

지금까지 버텨준 내 애마에 고마움을 표시하면서 일십백천만*의 정신으로 살 것이다. 간장종지처럼 볼이 패이고, 어둡고 안개 자욱한 길을 걸으며, 소리 없이 기도해야 하는 게 인생인지도 모른다. 이만 오천여 개의 낡은 부품들이 하나같이 합심하여 주인을 지켜준 나의 명마에게 감사할 뿐이다.

태양은 지는 순간까지도 아름답다.

* 일 : 하루 한 가지 이상 선행을 하고, 십 : 하루 열 가지 이상 칭찬을 하고, 백 : 하루 백 자 이상 쓰고, 천 : 하루 천 자 이상 읽고, 만 : 하루 만 보 이상 걷는 것.

우아하게 늙는다는 것

한국인의 평균수명은 84세라 합니다. 그러다보니 요즘은 오래 사는 것보다 우아하게 늙는 것이 화두가 되고 있지요.

근데 우아하다는 것은 무엇을 의미할까요? 여자들은 여유로운 마음으로 온화하게 늙는 것이고, 남자들은 노신사처럼 중후한 멋을 풍기며 늙는다는 것을 말함이 아닐까요.

20대 얼굴까지는 부모님이 만들어준 얼굴이라 하지만 50대부터는 스스로 만드는 얼굴이라 합니다. 나이를 먹어도 언제나 밝은 얼굴 선한 인상으로 호감을 주는 얼굴이 있는 반면 가만히 있어도 성깔 있어 보이는 얼굴이 있지요. 얼굴은 그 사람이 어떤 마음으로 살아 왔는가를 말해 준다고 하더군요. 얼굴은 인생의 모든 깨달음들이 빚어내는 예술품입니다. 얼굴은 그 사람의 자서전입니다. 진짜 명품 얼굴은 공사기간이 오래 걸립니다. 명품 얼굴은 메스나 주사가 아니라 마음으로 만들어지는 것입니다.

인간의 노화는 그 어떤 의학으로도 막을 길이 없지요. 그래서 그 노화를 아름답고 우아하게 바꾸려는 노력이 중요하지요. 스트레스를 줄이고 편안한 마음가짐을 갖는 것이 중요하지요. 사람이 살다보면 별의별 일들과 부딪치게 되지만 언제나 긍정적인 마음으로 편하게 느끼면서 살아가면 곱게 늙어 갈 수 있다 합니다. 더욱 중요한 것은 남의 험담보다는 칭찬하는 쪽으로 생활패턴을 바꾸는 것이 좋습니다. 그러다 보면 완전히 다른 삶을 살 수 있다 합니다. 험담할 시간이 있으면 팔 굽혀 펴기나 하는 것이 좋겠지요. 수입의 아주 아주 약간을 기부하는 베푸는 삶도 노화를 방지해 주지요. 그러면 마음이 넉넉해지고 얼굴 전면에 개나리와 진달래 같은 웃음이 피어나지요. 행복의 비결은 필요한 것을 얼마나 갖고 있는가가 아니라 불필요한 것에서 얼마나 자유로워지느냐에 달려 있지요. 벌레 한 마리도 죽이지 못하는 착한 사람이라면 그는 분명 우아하게 늙는 사람일 것이지요.

아름답게 늙기 위해서는 노화에 맞서지 말고 자연스럽게 수용하는 것이 좋습니다. 작은 주름 하나에 집착하는 삶은 안 됩니다. 그 작은 주름이 살아온 세월을 말해주는 것임을 알고 그대로 받아들이는 것입니다. 알맞은 피부 관리는 좋지만 과도한 성형으로 나이에 맞지 않는 어색함을 주는 얼굴은 오히려 우아함을 잃습니다. 고무신을 신고 걷듯 발끝에 닿는 자갈 하나하나에도 체온을 불어넣으며 생을 자근

나를 산에 버린다

사람은 자연에서 나서 자연으로 돌아가도록 구조되어 있는가 보다. 건강이 좋지 않아서가 아니다. 심신이 지치고 어지러울 때면 산으로 달려가는 사람이 있다. 하루 이틀 묵을 요량으로 가는 것이 아니다. 늘그막에 기대고 극기해야 할 대상이 자연이라는 것을 미리 깨닫고 수소지를 옮겨놓는 것이다. 내가 생각하기에 현명한 사람 같다.

산은 내가 바빠서 찾아주지 않아도 아무 말 없이 매일 매일 기다려준다. 그것뿐인가? 사계절 새 옷으로 갈아입고 새로운 모습으로 기다린다. 나에게 아무것도 바라지 않는다. 나하고 조용히 대화하기만을 원하는 애인이다.

언제 어떤 모습으로 가더라도 산은 아무 말 없이 받아준다. 맑은 공기, 맑은 바람, 지천으로 널려 있는 먹을거리, 그리고 여러 친구들을 소개시켜 주어 외로울 틈이 없게 만들어 준다.

운동을 하지 않으면 혈액순환이 잘 되지 않아 반갑지 않은 각종 병이 찾아온다. 병이 찾아오면 대다수의 사람들은 의지가 꺾인다. 나태해지고 진부해져서 의과대학 해부학 교실의 박제가 되어주는 일쯤으로나 생각한다.

현명한 사람은 일찌감치 자신을 산에 버린다. 병은 인간에게 삶의 참 의미를 알려주는 스승이다. 살고 죽는 것은 자신의 발끝에 달렸다. 걷고 뛰고 발이 닳아 문드러져야 비로소 세상이 보인다. 산다는 것이 무엇인지 그 의미를 깨닫게 되고나서부터 사람들은 운동을 시작한다. 이미 늦었지만 그나마 다행이다.

그 중에서도 제일은 산행이라 생각한다. 산행은 발을 빌려 몸으로 자연과 세상과 소통하는 것이다. 다리를 움직이면 움직일수록 뇌로 가는 에너지 공급이 활발해져 피로가 가시고 마음이 상쾌해진다. 스트레스가 쌓이고 마음이 답답할 때 걷다 보면 마음이 가벼워지고 좋은 아이디어가 떠오르기도 한다. 이것저것 따지지 말고 건강을 위해서라면 걷는 게 으뜸이다. 가파른 산길과 마주하면서 한판 승부를 벌인다. 승리하기 위한 유일한 무기는 오기뿐이다. 다리는 후들대지만 한 발 한 발 옮기는 발끝과 땅에서 생명의 존귀함을 느낀다. 삶을 말로 설명하려 하는 것이 아니라 직접 행동하며 체험하는 것이다.

나는 늘 걷는다. 걷다 죽는 게 바람이다. 몸은 다리부터 약해진다. 더 약해지고 병들어 한 발짝도 걸을 수 없는 날을 생각하면 끔찍하다. 걸을 수 있다는 것은 축복이다. 지금의 한 발자국은 스스로 살아 움직이는 소중한 흔적이다. 경사가 심한 오르막길에서는 숨이 턱턱 막히지만 오르막과 내리막은 하나의 같은 맥락이라는 것을 깨닫는다.

나를 버텨주는 큰 힘은 산이 주는 고요이다. 숲속에서 내 마음을 들여다본다. 산은 내가 매일매일 마루를 닦듯이 마음을 닦게 해 준다. 그래서 어제도 닦았지만 오늘도 또 닦는다. 어제도 구석구석 닦았고 오늘도 힘껏 닦는다. 아무리 잘 닦아도 깨끗하게 빤 걸레로 다시 닦으면 때가 묻어나고 햇빛이 들어오면 먼지들의 요란한 요동이 내 눈에 어지럽게 비친다.

산에서 만나는 이름 모를 야생화, 계곡의 물소리, 이끼 낀 바위, 낙엽 낙하하는 소리, 이 모든 것들은 나에게 놀라운 힘을 제공한다. 산행 중 땀을 쏟으며 무아(無我)지경에 다다르면 교만한 마음이 사라진다. 그동안 나를 둘러싸고 있던 허세나 사치 같은 '가짜'들이 무너져 내린다. 인간은 누구나 어머니에게서 태어나지만, 자연에서 다시 태어난다.

사람은 나이를 먹어 늙는 게 아니라 대우받고, 동정받고, 주저앉아 있는 가운데 더 늙어간다. 정년퇴직의 올가미를 벗어나 죽을 때까지 현역으로 뛰는 삶은 위대하다. 우리 인생은 단 한 번뿐이다. 내일보다 오늘이 젊다. 지금이 바로 그 기회라는 생각으로 사는 것이 좋다.

낮에는 자연 속에서 걷고 캠핑하고 책을 읽으며 밤에는 사력을 다해 글을 쓴다. 나의 글은 늙는 것도 죽는 것도 잊은 채 몸을 펜대 삼아 흙에 흔적을 남기는 과정을 처절하게 기록하는 결과물이다.

초가을 저녁의 서늘한 기운이 몰려오더니 낮에는 느끼지 못했던 나무와 숲 냄새가 진동한다. 어디에 숨어 있었는지 풀벌레들 세상이 됐다.

나는 세상의 사치와는 거리가 멀지만, 깊은 산중에서 황홀한 노을을 바라보고 하늘에 별이 쏟아지는 모습을 감상하는 '자연의 사치'를 누리며 살아가는 삶을 최고로 친다.

내게는 산이 직장이다. 죽을 때까지 산으로 출근하고, 그곳에서 생활하다가 쓰러질 것이다.

난 행복한 사람

어제 저녁부터 새벽까지 대전에는 눈이 조금 왔다. 손가락 치료차 정형외과에 들렀다가 돌아와 보문산으로 향했다. 헝클어진 세상 모두 지우려 내린 눈들이 세상의 불공평을 말끔히 지워버렸다. 문화광장에서부터 아이젠을 했다. 오르는 길이 만만치 않았다.

집에서 빵 한 개와 약간의 음료를 가지고 갔다. 조금 오르니 밖의 기온은 차지만 등에서는 어느새 땀이 배어나기 시작했다. 보일러가 가동된 것이다.

누가 시켜서 하는 일인가? 아니다. 내가 좋아서 나선 길이다. 삼삼오오 짝을 지어 오르는 사람들, 혼자서 오르는 사람들… 참 많이도 오른다. 토요일 오전과 오후에 걸친 시간이라서 그런지 사람들이 꽤 많다. 음악을 들으며, 친구들끼 함빡웃음을 지으며 오르는 이들의 얼굴에 보조개가 깊이 패였다.

나는 24포인트 크기로 뽑은 유인물을 십여 장 손에 쥐었다. 낭송용 시다. 이제 나이가 들어서인지 한 번 외워도 얼마가지 못한다. 그러니 반복해서 외울 밖에.

한용운의 '나룻배와 행인', 도종환의 '담쟁이' 신경림의 '갈대', 그리고 자작시도 몇 편 있다. 중얼중얼 하면서 오르다 보니 벌써 목적지다. 이렇게 쉽게 오르기도 첨이다.

비록 큰 활자지만 볼 수 있으니 행복하고, 두 발로 걸을 수 있으니 행복하고, 경사진 곳도 크게 숨 차지 않고 오를 수 있으니 행복하고, 시를 외울 수 있으니 행복하고, 운동해서 행복하고, 산행객들과 인사 나누어서 행복하고, 행복한 것들이 어디 한두 가지인가.

그것뿐이 아니다. 내가 어려움을 겪을 때 내 등을 토닥거려주는 아내가 있어 행복하고, 그럴 때 저희들 일 모두 제쳐놓고 달려와 위로해주는 자식들이 있어 행복하다. 힘들 땐 푸른 하늘을 볼 수 있는 눈이 있어서 행복하고, 외로워 울고 싶을 때는 소리쳐 부를 친구가 있어 행복하다. 잊지 못할 추억을 간직할 머리가 있어 행복하고, 잠이 오지 않는 밤에 별의 따스함을 들을 수 있는 귀가 있기에 행복하다. 슬플 때 거울 보며 웃을 수 있는 미소가 있기에 행복하고, 소중한 사람들의 이름을 부를 수 있는 목소리가 있기에 행복하다.

온몸에 힘이 빠져 걷기도 힘들 때 기대어 쉴 수 있는 버팀목이 있기에 행복하고, 내 비록 우울하지만 나보다 더 슬픈 사람들을 도울 수 있는 마음과 발이 있어 행복하다.

가끔 맘에 맞는 친구가 번개모임으로 점심식사하자고 메일을 주니 행복하고, 가뭄에 콩 나듯 시집, 수필집 평론 써달라는 주문이 들어오니 행복하다. 내가 가진 것은 보잘것없지만 소중한 사람들을 위해 편지 하나 보낼 수 있는 힘이 있어 행복하고, 나를 위해주는 사람을 감싸 안을 수 있는 가슴이 있어 행복하다.

요즘 두 개의 양파를 컵에 올려놓고 한쪽엔 '효자'라 써 붙이고, 한쪽엔 '불효자'라 써 붙여놓고 실험을 하고 있다. 효자라고 써 붙인 양파에게는 하루에도 몇 차례씩 칭찬을 하고, 불효자라 써 붙인 양파에게는 꾸중을 한다. 칭찬을 해준 양파는 열흘이 지나니 싹이 트는데 꾸중을 들은 양파는 싹을 틔울 생각조차도 하지 않는다.

나는 나 자신에게 칭찬한다. '너는 참 행복하겠다.'라고. 이건 내가 나에게 주는 작은 배려다. '너를 칭찬한다.'는. 그렇다. 칭찬거리는 무궁무진하다. 꼭 다른 사람을 칭찬해야만 하는가? 그게 어려우면 자신을 칭찬하는 일부터가 먼저다.

이런 사고를 가지고 있으니 난 행복한 사람이 아닐 수 없다.

집에 도착해서도 '난 행복한 사람'이라 다시 뇌어 보았다. 확실히 나는 행복한 사람이다.

내 친구의 멋진 삶 이야기

전형적인 농촌마을에서 태어나 평생 그곳을 지키며 살아오는 내 친구는 강인한 의지 하나만큼은 누구도 따를 수 없을 정도로 강했다.

그는 부모님 모시고 세 동생과 함께 오순도순 재미나게 살았다. 그런데 그의 아버지는 그가 초등학교에 입학하자마자 세상을 뜨셨고, 어쩔 수 없이 생계를 책임지게 된 어머니를 대신해 어머니가 일을 하러 나가시면 세 동생을 돌봐야 하는 아주 힘든 어린 시절을 보냈다.

친구들이 책보를 어깨에 질끈 동여매고 보무도 당당하게 시오리 길을 걸어 학교에 가는 모습을 멀찍이서 바라보아야만 하는 슬픔을 안고 자랐다. 학교도 가지 못하면서 집안일을 도맡아 해야 했던 그였다.

그러다가 열네 살 때인가 어머니가 재혼을 하셨고, 그는 계부 밑에서 힘든 노동을 감내해야만 했다. 계부의 눈총을 받으면서도 세 동생들을 생각해 재 너머 동네에는 눈길 한 번 주지 않았다. 자기는 못 배웠지만 동생들에게는 문맹을 선물로 줄 수 없다고 생각한 그는 열심히 일만 했다. 안 해본 일이 없었다. 농장인부, 건축노동자, 전기노동자, 축산농가인부 등 배움이 없었기에 몸으로 때우는 일이라면 물불을 가리지 않고 해냈다.

30년 넘게 한 일이지만 박봉인 직업 탓에 늘 가난했고 힘들게 살았다. 하지만 그의 근면성실함은 그 누구도 부인할 수 없을 정도였다.

그러다가 동생들도 다 제 밥벌이를 하게 되자 자신도 외부 밥을 먹기 시작했다. 포크레인 운전을 어깨너머로 배워 기사자격증을 땄다. 어려움도 참 많았다. 처음에는 회사에 들어가 봉급생활을 했다. 그 생활도 그를 넉넉한 생활로 보장해주지는 못했다. 상상도 못했던 일들이 연이어 발생했다. 포크레인이 뒤집히는 사고를 당해 병원 신세를 지기도 했고, 중고 포크레인이라 고장이 잦아 그걸 수리하는데 시간과 경비 등으로 많은 고통을 겪기도 했다.

회사생활을 하면서 푼푼이 돈을 모았다. 사십 가까이 돼서 외국인 여자를 아내로 맞았다. 아내는 남편의 일을 이해하면서 알뜰살뜰 살림을 해나갔다. 자녀도 남매를 두었다. 젊은 아내에게 희망을 주기 위해 하루하루 번 돈은 매일매일 갖다 주었다. 아내는 그 돈을 고스란히 은행에 맡겼다. 매일 가까운 단협으로 가서 저금했다. 한 칸 한 칸 늘어나는 수입란을 보며 흡족해 했다. 저녁에 퇴근한 남편에게 통장을 내밀었다. 남편도 기뻐 눈시울을 적셨다. 어떤 외국인 여자들은 그 돈을 가슴 깊숙한 곳에 집어넣고 행불이 되는 경우도 있다고 들었지만 이 여자만은 그러하지 않았다.

예금액수가 어느 정도 늘어나자 아내가 먼저 제안을 했다. "여보, 이제 회사 생활을 접고 당신도 포크레인을 사서 독립하시면 어때요." 참으로 기특한 제안이었다. 나이도 어린데 생각은 지천명을 넘어서고 있었다. 그리하여 중고 포크레인이지만 한 대 사서 회사에 지입으로 들어갔다. 평소 근면성실을 생활신조로 살아온 사람이었기에 매일매일 일거리가 있었다. 그렇게 그렇게 몇 년 후에는 포크레인을 또 샀다. 성공한 동생들도 얼마씩 내놓아 보탰다.

이제 어엿한 포크레인 사장이 되었다. 포크레인 기술로 치면 그를 당할 사람이 없었다. 그의 손길이 닿는 곳에는 어엿한 길로 변모되어 나타났다. 공기(工期)를 늦추는 일도 없었다. 그의 기술 생명은 '신뢰' 그 자체였다. 큰 공사를 따게 된 지인 사장도 그에게 맡기면 낙출 없이 해낸다는 걸 알고부터는 일감을 몰아주었다. 과한 값을 요구하지도 않았다. 주인의 마음에 쏙 들게 일했다. 그는 오늘도 '어떠한 역경이라도 견디고 이겨낼 것이다.'라고 다짐하며 얼굴 가득 웃음을 띄우고 포크레인을 운전하고 있다.

훌륭한 생각, 멋진 생각을 가진 사람은 무수히 많다. 그걸 행동으로 옮기는 사람은 드물다. 현실이 슬픈 그림으로 다가와도 그 현실을 보지 않고 멋진 미래를 꿈꾸는 친구, 꿈이 이루어질 때까지 앞만 보고 달리는 친구, 포기를 모르며 살아가는 내 친구의 앞날에 영광 있기를 빈다.

인생최대의 난관 뒤에는 인생 최대의 성공이 기다리고 있다는 생각으로 살아가고 있는 그를 친구로 두었다는 것이 자랑스럽다.

적게 함이 깨달음이다

입속에 말(言)을 많이 넣어두고 살아가는 사람은 고달프다. 나도 한때는 2세를 교육한다는 취지에서 말을 많이 했다. 아침 8시부터 밤 10시나 돼서야 하루 일과가 끝났다. 자가용이 귀하던 시절이었다. 그런 생활을 하다 보니 하루 한두 시간의 여유 시간은 꿀과도 같은 달콤한 시간이었다. 소금물에 절어 있던 내 몸을 팔팔하게 만들어주는 시간이었다. 젊음이란 자산이 나를 그 수렁에서 건져주었다. 오후 서너 시쯤 되면 말을 할 기력조차 사라졌다. 그 높던 톤이 밑바닥을 기어 다녔다. 직업상 말을 많이 해야 했기에 어쩔 수 없는 노릇이었다.

여기에서 얘기하고자 하는 말이란 내가 직업상의 그 말과는 관계가 없지만 요즘 누구나 가지고 있는 세 치 길이의 혀를 잘못 놀려 망신당하는 사람들이 한둘이 아님을 볼 때 안 됐다는 생각이 든다. 그래서 생겨난 말이 입은 되도록 닫고, 지갑은 될수록 열라 했는지도 모른다. 세 치밖에 안되는 혀지만, 글 짧은 혀가 사람을 살렸다 죽였다 한다.

마음속에는 일을 적게 만들어야 하는데 그게 말같이 잘 안 된다. 마음속에서 일을 많이 만든다 함은 과욕의 발로이다. 과유불급이라 했다. 과욕은 건강까지도 해친다. 나에게 주어진 능력은 오(5)밖에 안 되는데, 십(10)인 양 행세하는 우를 범하지 말 일이다. 그렇게 하다 보면 그건 처음에는 그냥 저냥 넘어가 주지만 얼마 아니 가서 본색을 드러내게 된다. 허세가 사람을 망친다. 생전 넥타이를 매어보지 못한 사람이 어느 날 갑자기 나비넥타이를 추구하다 보면 과부하가 걸려 쉽게 넘어지게 되는 이치와 같다. 불쌍한 사람이 어디 한둘인가?

먹는 것도 적게 자주 먹는 것이 좋다. 위장이 받아들일 수 있는 양은 한정되어 있는데 마구 쑤셔 넣다 보면 이건 과부하를 넘어 위장에 천공을 만들어낸다. 염증이 생기고 역류성 식도염으로 발전한다. 의사도 적게 먹어 생긴 위장병은 쉽게 고치지만 많이 먹어 생긴 위장병은 고치기가 어렵다. 먹은 듯 안 먹은 듯 먹다가 위장이 음식물을 넣어 달라 신호를 보내면 또 조금 넣어주면 된다.

잠도 적당히 자는 것이 좋다. 낮을 밤 삼고, 밤을 밤 삼아 자다 보면 신체리듬이 망가진다. 그 깨진 리듬이 제 자리를 잡을 때까지는 상당한 시일이 걸린다. 오래만 자는 것이 상책은 아니다. 인체는 적당히 긴장을 주어야 수축과 이완작용이 원활하다. 통근체질로 굳어 있던 내 몸은 정퇴를 한 후에도 그 때 그 시각을 기억하곤 한 치의 오차도 없이 찰칵찰칵 잘 돌고 있다. 어떤 때는 늦잠 잔다는 친구들이 부럽기도 하지만 꼭 그렇지만은 않다는 생각이다. 잠은 양보다 질이다. 어떤 일이 있어도 자정부터 새벽 3시까지는 자야 한다는 철칙을 지켜간다.

과유불급이란 말의 뜻을 생각해 보면 여러 깨달음을 한꺼번에 얻는 영광을 누릴 수 있다. 이 네 가지만 알맞게 하는데 앞장서도 곧 깨달음을 얻을 수 있다.

성공한 삶이란 권력과 명예, 부를 쌓은 삶이 아니라 매일 밤 편안히 잠들 수 있는 삶을 말한다.

마음 하나 다스리기가 쉽지 않다. 고요해지고, 맑아지고, 검소해지고, 가벼워지기가 정말 쉽지 않다. 내 마음을 붙들고 있는 것이 무엇인지 분별하여 그것을 내려놓아야 진정한 자유를 얻는 것이다.

아무리 키가 큰 갈대도 대나무 앞에 서면 기가 죽는다. 나에게 좋은 것이 상대에게는 나쁠 수 있다. 긴 것과 짧은 것, 옳음과 그름, 고통과 행복, 모두가 비교에서 오는 상대적 개념이다. 어느 한 쪽으로 쏠리거나 매이지 않고 다른 한 쪽을 함께 바라볼 때 자유와 평화가 깃든다.

가난하다고, 가진 것이 적어서 마음껏 누릴 수 없다고 때론 푸념하지만 둘러보면 가진 것이 참 많다. 건강한 신체가 있고, 밝은 웃음이 있고, 가족과 친구와 이웃이 있다. 어깨 펴고 당당히 살라고 넓은 세상도 있다.

나무를 자르면 그 나무의 나이와 성장 여건을 알 수 있다. 좁은 나이테는 여름이 메마르고 무더웠음을 말하고, 넓은 나이테는 강수량이 평소보다 더 많았음을 말해준다. 인간의 삶도 비슷하다. 자신의 노력에 따라 신분이 달라지고, 세월 속에 인생의 하나하나가 되어 인생 나이테가 만들어지는 것이다.

행복은 주변에 널려 있다. 소소하고 사소한 것들 속에 숨어 있다. 그것들 속에 숨어서 기쁨이 되는 것이다. 행복은 대단한 것, 거대한 것에서 오는 줄 착각하는 사람은 어리석다.

님아, 그 강을 건너지 마오

나를 낳아 길러준 부모의 은혜에 대한 효성심이 많이 퇴색되어 가는 요즘이다. 자신의 부모를 먼 지역으로 모시고(?) 가서 홀로 남겨놓고 왔다는 얘기를 들은 지도 한참 됐다. 이젠 그것도 모자라 외국 여행시켜드린다 모시고 가서 그곳에 남겨놓고 온다는 얘기도 심심찮게 들린다. 부모가 그렇게까지 거추장스런 존재가 되었는가?

용돈 주지 않는다고 구박하고, 그것도 모자라 밀쳐 넘어뜨려 상해를 입혔다는 소식도 간간이 들린다. 폭음 상태에서 용돈 달라고 밀치고… 사망에 이르게까지 하는 패륜아들이 있다는 소식도 들린다.

이 사회가, 이 나라가 어떻게 이런 지경에까지 이르렀는가? 통탄할 일이다. 자식된 입장에서 보면 자신의 의지에 의해 태어난 것이 아니니까 모든 것이 부모의 책임이라야 된다는 논리인가? 그건 아니지 않은가?

출생에서 삼사 세, 오륙 세, 그러다가 초등학교에 입학하고, 중등학교를 거쳐 대학을 나와도 자립심이 부족하다는 얘기들을 곧잘 한다. 그건 누구의 잘못인가? 자식을 그렇게 키워 놓은 부모의 책임이 아닌가? 엄하게 다루어야 할 때도 유연하게, 유연하게 다루어야 할 때도 유연하게만 다루다 보니 그렇게 된 게 아닌가?

선을 확실하게 긋는 자식교육이 필요한 요즘이다. 나약한 아이로 성장하면 성장해서 닥쳐올 난관을 막아낼 동력을 구비하지 못한다. 마마보이가 결국은 부모를 잘못된 길로 접어들게 한다.

칠십여 년을 부부가 동고동락하면서 멋진 삶을 살아온 부부의 이야기가 요즘 영화화돼서 인기리에 상영되고 있다. TV 다큐로도 소개됐던 강계열(89) 할머니와 아홉 살 위 조병만 할아버지 부부 이야기이다. 강원 횡성 산골 마을을 배경으로 76년 간을 연인처럼 지낸 '닭살 커플' 노부부의 알콩달콩 사는 모습과 갑작스러운 이별까지 담았다. 이 영화를 보면서 느낀 점은 자식이 제 아무리 많고 살 한다 해도, 성공한 자식이 제 아무리 많다 해도 결국을 부부밖에 없다는 사실이다.

부부는(황혼이혼을 준비하는 부부들까지 포함하지는 않는다.) 서로의 장단점을 샅샅이 꿰고 있기 때문에 자신의 소신을 조금만 죽이면 얼마든지 행복할 수 있다는 것을 알고 실천하고 있는 강계열 · 조병만 씨 부부의 금슬에 고개가 숙여진다 어떤 때는 웃음을 자아내고, 어떤 때는 비장감을 자아내는 행동들에서 농익은 부부애를 발견하고는 희열이 젖는다. 반쪽과 반쪽이 합쳐져서 온전한 한쪽이 된 것이니 반쪽이 다시 떨어져 나간다 생각할 때는 하늘이 무너지는 슬픔을 겪게 될 것은 명약관화한 일이다.

구부정한 햇살을 등에 업은 할머니가 보릿고개를 넘으면서 억척스런 삶을 살고 있는 노란 민들레를 내려다볼 때, 하릴없이 공원을 서성이는 늙은 아버지의 낮아진 등에서 빛나던 세상 한 채가 초라하게 주저앉을 때, 손때 묻은 부엌칼처럼 등 가파른 어머니가 '끙' 하면서 신음을 안고 돌아누울 때, 며칠 굶은 떠돌이 개의 솟은 등뼈가 뾰족한 등성이처럼 만져질 때, 어둠이 눈을 뜨기 시작하고 저녁이 쓸쓸히 등 돌려 나갈 때, 그럴 때면 가슴도 함께 시려지는 게 인생이다.

두 사람이 한마음 한뜻이 되기는 그리 쉬운 것이 아니다. 세 사람, 네 사람이면 더 어려워진다. 그래서 늘 새로운 결심과 도전이 필요하다. 한마음 한뜻으로 모아지면 못 이룰 것이 없다. 향기도 좋다.

갓난아이는 엄마의 젖가슴 냄새를 가장 좋아한다. 운동선수의 아내는 남편의 땀 냄새를 가장 좋아한다. 그 사람을 좋아하면 그의 체취까지도 좋아하게 된다. 비린내 나는 젖 냄새, 땀 냄새도 향기로 바뀐다.

하나로 모아지면 조화가 되고, 둘로 갈라져 벌어지면 상극이 된다. 조화는 화합과 하모니를 이루게 되지만 상극은 갈라지고 부서지고 터지게 된다. '나'를 비우고 '너'를 채우는 것, 그래서 마침내 '나'와 '너'

가 하나가 되는 것, 그것이 조화로움의 완성이다.

조병만 할아버지의 묘소 앞에서 오열하고 있는 강계열 할머니에게 연민의 정을 느낀다. 조병만 할아버지의 명복을 빈다.

내 삶은 내가 만들어가는 것이다

우리나라 농산물 대표 브랜드 '총각네 야채가게'를 만들어 맨주먹 성공신화를 일으킨 사람이 있다. 그는 '잘 되면 내 탓, 안 되면 조상 탓'이란 웃지 못할 얘기를 하고 있는 사람들에게 일침을 가한다. '세상 탓, 부모 탓, 스펙 탓만 하면서 변명만 늘어놓다 보면 일은 언제 하는가.'고 묻는다.

그의 명함은 특이하다. 대표라는 직함대신 '야채장수'라고 적었다. '장사만큼 정직한 게 없다', '야채장사도 전문직이 될 수 있다', '성공하고 싶다면 땀을 흘려라.'라는 신조로 20여 년간 하루도 쉬지 않고 일한 장본인이다.

한때 이벤트 회사에 취직했으나 능력보다는 편법이 판치는 기업문화에 상처와 좌절만 떠안은 채 그만두었다. 그 후 무일푼으로 오징어

트럭행상을 따라다니며 장사하는 법을 배웠다. 그래서 트럭행상으로 독립했고, 그렇게 번 돈을 모아 조그마한 야채가게 '젊음 이곳에… 자연의 모든 것(일명 '총각네 야채가게')'을 개업했다. '총각네에서는 품목은 골라도 품질은 고르지 않는다.'는 말이 있을 정도로 최고급 품질을 고수하고 있다. 매일 재고율 0% 도전, 평당 최고 수준의 매출액, 해외 연수를 시키는 직원 교육 방식, 가게에서 펼치는 다양한 이벤트 등은 이미 신화가 됐다.

그는 시간만 나면 현재에 안주하지 않고 채소·과일 연구에 몰두한다. 세계 각국의 신세품 과일에 대해 공부하고, 과일 품종마다 최적의 보관온도를 연구하고, 가장 맛있게 먹는 법을 연구한다. 앞으로도 '총각네 야채가게'가 장수기업으로 남을 수 있도록 매일 매일 연구와 기술개발에 몰두할 것이라 한다.

자신을 똥개라고 소개하는 겸손을 보이는 그다. 똥개는 족보가 있는 개도 아니고, 주인이 애지중지 살펴주는 개도 아니다. 때때로 사람들의 발에 채이는 존재다. 그는 자신이 똥개라는 사실을 일찍 깨달았고, 부정하지 않고 바로 인정했다. 아무리 자신이 자존심을 내세워도 세상은 자신을 똥개로 보는데 혼자 아니라고 우겨봤자 아무 소용이 없다는 것이다. 인정할 건 인정하고 시작하자는 태도다.

자신을 생각만큼 멋진 사람도, 대단한 사람도 아니라는 걸 인정하는 날 참 삶은 시작된다고 믿는다. 자신이 평균적인 사람이라는 걸 인정하는 날 자신을 일대일로 만나게 된다는 신념을 갖고 있다.

세상 구조는 경력만으로 존재하는 건 아닐 터이다. 그런데도 사람들은 이런 말을 서슴지 않고 내뱉는다. '10년 일했으니 과장 달아야지. 15년 되었으니까 본부장은 되어야지. 20년 일했으니 임원 자리에 올라야지.'라고 말이다.

그런데 세상이 어디 그렇게 호락호락 넘어가는가? 우리가 사는 세상은 공평하고 정확하다. 남들보다 노력하면 성공한다는 것쯤은 누구나 알고 있다. 하지만 노력도 하지 않고 성공을 거머쥐길 바란다. 남들 출근할 때 출근하고 남들 퇴근할 때 퇴근해서 임원이 된 사람은 없을 터이다. 그들은 남들이 출근하기 전에 출근해서 준비하고 남들이 퇴근할 때 남아서 일했던 사람들이다. 진돗개 마인드로 살아온 사람들이다.

회사를 위해 일한다고 하면서 월급이 조금만 늦어지거나 식사 시간이 지체되거나 야근해야 하는 일이 생기면 투덜대지 않는가? 아니, 회사를 위해 일한다고 하면서 왜 시시콜콜 투정을 부리는가? 결국 자기 자신을 위해 일하기 때문이 아닌가.

아무것도 가진 것 없는 청년이 그 누구도 관심 갖지 않던 농산물로 성공한 CEO가 되기까지에는 보이지 않는 성공 정신이 있다. 나는 그의 도전정신을 높이 평가한다.

'내가 남들보다 적게 자고 더 열심히 뛰어다니는 이유는 단 하나다. 내가 가진 것 없이 시작하여 성공하고 싶다는 목표를 세웠으니, 남들과 똑같이 먹고 자고 쉬어서는 도저히 방법이 없다는 깨우침 때문이다.' 그의 확신에 찬 성공 메시지다. 그렇다. 그의 주장에 동의한다.

가난은 암과 같다. 가난은 어떤 질병보다 무섭고, 고통을 동반하는 매개물이다. 병에 걸리면 음식과 습관을 바꾸고 치료에 열중하듯, 가난을 치료해야 할 병으로 여기고 삶의 습관을 완전히 바꾸는 것이 좋다. 내 자식에게까지 가난이라는 병을 물려줄 생각을 하지 않아야 한다.

덧셈 삶이 아닌 곱셈 삶을 살 일이다. 지금 연봉이 2천만 원이라면 내년에 얼마를 받을 거라 생각하는가? 2,200만 원, 2,500만 원이 아니다. 자신의 몸값을 더하기하는 것은 좋지 않다. 어떤 방법으로든 자기 자신을 업그레이드해서 내년에 4천만 원 받을 생각을, 후년엔 8천만 원 받을 생각을 해야 한다. 삶을 곱셈으로 생각하는 목표를 세우고 생활해야 한다.

얼마나 멋진 생각인가. 젊은이들이 곱씹어 생각했으면 좋겠다. 내 삶은 내가 만들어가는 것이다.

좋은 병원

병에 걸리는 것은 안타까운 일이다. 그러나 그 시련을 하늘이 주신 선물이라고 생각한다면 어떨까? 그 병이 주는 뜻을 찾아내서 더 조심하고, 더 살피고, 절제하면서 살면 그 고통스런 병고가 오히려 삶의 양약이 될 수도 있겠다 하는 생각이 든다.

그런 경우라면 고마운 하늘의 선물이 되겠다. 그러한 선물의 참뜻을 헤아릴 수 있는 사람이라면 제2의 인생을 사는데 어려움이 없을 것이다.

내가 아는 사람 중의 하나는 폐암 말기 판정을 받고 달랑 편지 한 장 써놓고 집을 나갔다. '나를 찾지 마라. 전화도 하지 마라. 내가 죽었다고 연락이 오면 그때나 찾아서 내 시신을 수습해라.'라는 편지 한 장 남겨 놓고 집을 나갔다. 시한부 인생, 6개월을 언도받은 상황이었다.

이 도시 저 도시 돌아다니며 남은 시간을 보내고 있었다. 그러다가 지리산에 들어가게 되었다. 그곳에서 약초 캐는 사람을 만났다. 깊은 산중에 움막 하나 짓고 살며 자연과 친해져 구름이 아무리 꼬여도 하산할 생각을 하지 않는 사람이었다. 그는 그의 움막에서 같이 생활하면서 약초를 캤다.

그런데 이상한 일이 벌어졌다. 한두 달 지나면 몸은 더욱 쇠하여 몰골이 말이 아닐 줄 알았는데 오히려 몸이 나는 것이었다.

석 달, 넉 달이 지나니 몸이 가뿐해지는 것이다. 병원에서 정해준 6개월이 지나니 정말 딴 사람이 되었다. 그래서 병원에서 검사를 받았다. 암 흔적이 없어졌다는 것이다. 도저히 믿을 수 없는 일이 벌어진 것이다. 전에 암 판정을 내린 서울 모대학병원에서 검사를 다시 받았다. 이 사람과 마주한 의사의 말문이 막혔다. 암 흔적이 모두 사라진 것이다. 이유가 뭘까? 불가사의한 일이 벌어진 것이다.

그가 산으로 들어간 것은 신병 때문이었다. 백약이 무효였다. 그래서 모두를 포기하고 남은 시간이니마 멋지게 지내자는 심산으로 들어간 산이었다.

산에 입원한 그 사람. 산은 믿을 만한 의료진이 포진한 명문 병원이라는 말이 실감나게 다가온 것이다. 그는 마침내 자연이라는 의사의 메스를 받아 회생한 것이다.

숲속에서는 천년의 물소리가, 새소리가 들려온다. 그것뿐인가. 천년의 풀 향기, 나무향기도 함께 풍겨 나온다. 그 소리들로 온몸을 씻어보면 동네 목욕탕과는 비교가 안 될 만큼의 포근함과 편안함이 자리하고 있음을 느낀다. 내가 진정 아끼는 만병통치약은 순수한 숲속의 아침 공기를 들이마시는 것이다.

말 그대로 산은 '좋은 병원'이다. 몸만 살리는 것이 아니라 마음까지 살려 낸다. 깊은 내면의 영혼까지 맑게 만들어준다. 아프기 전에, 병들기 전에 산을 찾는 일은 정말로 중요하다. 이 사람과 같이 병든 후에라도 진심을 갖고 산을 찾으면 산은 그 고통을 말끔히 씻어준다.

자연이 들려주는 오케스트라

문희봉 제6수필집

발 행 일 | 2015년 4월 24일
지 은 이 | 문희봉
발 행 인 | 李憲錫
발 행 처 | 오늘의문학사
출판등록 | 제55호(1993년 6월 23일)
주 소 | 대전광역시 동구 대전로 867번길 52(한밭오피스텔 401호)
전화번호 | (042)624-2980
팩시밀리 | (042)628-2983
홈페이지 | http://www.lito77.co.kr(홈페이지)
전자우편 | hs2980@hanmail.net

공 급 처 | 한국출판협동조합
주문전화 | (070)7119-1752
팩시밀리 | (031)944-8234~6

ISBN 978-89-5669-677-5
값 10,000원

* 이 책은 (재)대전문화재단, 한국문화예술위원회에서 사업비를 지원받았습니다.
* 이 책은 ㈜교보문고에서 E-Book(전자책)으로 제작 · 판매합니다